Sé más eficaz

Sé más eficaz

52 claves para mejorar tu productividad en la vida y en el trabajo

DAVID ALLEN

Traducción de Ramon Vilà Vernis

alienta
EDITORIAL

Título original: *Ready for Anything*

Alienta es un sello editorial de Centro de Libros PAPF, SLU.
Av. Diagonal, 662-664
08034 Barcelona
www.planetadelibros.com

Primera edición: septiembre de 2025
Depósito legal: B. 11.892-2025
ISBN: 978-84-1344-446-8
Composición: Realización Planeta
Impresión y encuadernación: Gómez Aparicio Grupo Gráfico
Printed in Spain - Impreso en España

A todos los que me enseñaron a aprender y a crecer,
lo sepan o no

Sumario

Introducción. Ponerlo fácil para que resulte fácil 13

PRIMERA PARTE
Vacía tu mente para ser más creativo
o Cómo lograr que los temas pendientes
te dejen tranquilo

1. Hacer limpieza abre nuevas perspectivas 27
2. Sólo puedes sentirte bien con lo que no estás haciendo cuando sabes qué es lo que no estás haciendo 31
3. Saber cuáles son tus compromisos te permite escoger mejor tus nuevos compromisos 35
4. Para llegar adonde quieres, primero debes saber dónde estás............................. 39
5. Las infinitas oportunidades se aprovechan a través de posibilidades finitas.................. 43
6. Tener dos compromisos distintos en la mente lleva al estrés y al fracaso 47
7. Las prioridades sólo funcionan en el ámbito consciente............................... 51
8. Cerrar temas pendientes libera energía........... 55

9. Si lo tienes en la mente, probablemente no lo estás haciendo 59
10. La creatividad aparece cuando se le deja espacio .. 63
11. Cuanto más profundo es el canal, mayor es el flujo 67
12. Preocuparse es una pérdida de tiempo 71
13. Tú no eres tu trabajo 75

SEGUNDA PARTE

Enfoca tu atención de forma productiva

o ¿Cuál es la utilidad de un punto de vista?

14. Para más claridad, mira desde más arriba 83
15. No verás el modo de hacerlo hasta que te veas haciéndolo 87
16. Trabajar lo suficiente es imposible 91
17. La energía sigue al pensamiento 95
18. Cuanto más clara esté tu meta, más medios tendrás para alcanzarla 99
19. Lo mejor es preferible a lo bueno 103
20. Cambio de enfoque igual a cambio de resultado .. 107
21. La perspectiva es la mercancía más valiosa del mundo 111
22. Debes pensar más en tus asuntos............... 115
23. No debes temer tanto pensar en tus asuntos 119
24. Si sabes lo que estás haciendo, la eficiencia es tu única oportunidad de mejorar 123
25. Estar *en la zona* consiste en tener sólo una cosa en la mente 127
26. El valor de una meta en el futuro es el cambio que promueve en el presente 131

Tercera parte
Crea estructuras funcionales
o Es difícil mantenerse en la vía cuando no hay raíles

27. La estabilidad a un nivel hace posible la creatividad a otro nivel 139
28. Forma y función deben estar coordinadas para obtener la máxima productividad 143
29. Tu sistema debe ser mejor que tu mente para que tu mente pueda desconectar 147
30. La capacidad de respuesta mejora la viabilidad .. 151
31. Tu sistema es tan bueno como su eslabón más débil 155
32. La efectividad de tu sistema es inversamente proporcional a la atención que le dedicas........ 159
33. La función sigue a la forma........ 163
34. No puedes ganar en un juego que aún no has definido........ 167
35. Siempre que hay dos o más responsables de algo, lo más probable es que no haya ninguno 171
36. Cultiva tus principios en lugar de fiscalizar tus prácticas 175
37. Usa tu mente para pensar sobre tu trabajo, en lugar de pensar en tu trabajo........ 179
38. Tus pensamientos son más valiosos de lo que crees........ 183
39. La necesidad de organizarse y de hacer planes es inversamente proporcional a los recursos que crees tener 187

CUARTA PARTE
Relájate y ponte en marcha
o Cómo estar donde está la acción

40. Eres el único jugador en tu partida 195
41. El exceso de control es una forma de descontrol .. 199
42. Cuanto mejor te van las cosas, mejor deberían irte .. 203
43. Confiar en la acción elegida requiere autogestión a múltiples niveles 207
44. Tu poder es proporcional a tu capacidad de relajación 211
45. Las sorpresas esperadas no son ninguna sorpresa .. 215
46. Cuanto más amplio es tu horizonte, más fluidos son tus movimientos................ 219
47. La mejor manera de ganar velocidad es frenar ... 223
48. No tienes tiempo de realizar ningún proyecto.... 227
49. Las pequeñas cosas, hechas de forma consistente, tienen un gran impacto...................... 231
50. Para saber algo tienes que hacer algo 235
51. Es más fácil moverse cuando ya se está en movimiento 239
52. Los mayores éxitos surgen del mayor número de fracasos............................... 243

QUINTA PARTE
No olvides los principios básicos
o El sentido común no es tan común

Las cinco fases del dominio del trabajo 251
Procesar y organizar el trabajo 255
Modelo de planificación natural.................... 257
Revisión semanal 261

Conclusión 265
Agradecimientos................................. 267

Introducción

PONERLO FÁCIL PARA QUE RESULTE FÁCIL

La máxima productividad consiste en hacer que algo ocurra —ya se trate de decorar la casa, de desplazarse de un sitio a otro o de pasar un buen rato— con el menor *esfuerzo* posible. El hecho de que hablemos de *esfuerzo*, sin embargo, significa que siempre habrá alguna resistencia o algún impedimento cuando tratemos de hacer algo. Mejorar la productividad tiene mucho que ver con gestionar con más eficacia los obstáculos, las barreras y las distracciones que encontramos en nuestro camino: cualquier circunstancia que frene o se oponga a nuestro avance. En un mundo sin fricciones, las cosas aparecerían ante nosotros con sólo imaginarlas: no habría necesidad de prepararse para lograr mayor flexibilidad y concentración, o para establecer mejores sistemas o enfoques. En el mundo donde vivimos, sin embargo, para obtener lo que queremos de una manera más eficaz debemos estar preparados para todo. Y *hay* cosas que todos podemos hacer, en cualquier momento, para lograr que nos resulte más fácil reaccionar ante lo que nos ocurre sin perder el ritmo.

He dedicado más de dos décadas a explorar los mejores

métodos para conseguir una forma más relajada, positiva y sostenible de vivir y trabajar. Y, como consultor de gestión empresarial y formador en productividad, he ayudado a miles de profesionales a implementar lo que según he descubierto son los mejores métodos para producir más *y* disfrutar más de lo que se hace. Cuando las personas encuentran un método para establecer un equilibrio en sus tareas cotidianas, ocurra lo que ocurra, mejoran su intuición y su creatividad. Consiguen hacer mejor un sinfín de cosas, como procesar información, gestionar sus pensamientos y sentimientos, dirigir su esfuerzo hacia los resultados y confiar en sus juicios acerca de qué hacer. Disponen de un *método sistemático* para tratarse a sí mismas y su trabajo, lo cual es mucho más útil que confiar meramente en comportamientos reactivos y circunstanciales para esquivar las presiones y las crisis que surgen en su mundo. Cuando las personas saben que disponen de un método para enfrentarse a cualquier situación, se relajan. Y cuando están relajadas, todo les sale mejor. Hacen más cosas, con menos esfuerzo, y descubren toda clase de efectos secundarios maravillosos que mejoran los resultados de su esfuerzo y la calidad de su vida.

Los métodos que enseño se basan en los comportamientos y los sistemas que mejor funcionan según he descubierto para mantenernos en nuestro mejor rendimiento. Desde principios de los años ochenta no han dejado de ponerse a prueba y han demostrado ser muy efectivos a todos los niveles, tanto para individuos como para organizaciones. Describí los pasos de este descubrimiento y de este proceso en mi primer libro: *Organízate con eficacia. El arte de la productividad sin estrés*. Su éxito en todo el mundo indicaba que personas pertenecientes a un amplio espectro de culturas y carreras profesionales parecían estar preparadas para recibir esta información y deseosas de realizar un cambio. Estaban hartas de sentirse superadas por las exigencias de su trabajo y de su vida. Querían recuperar oportunidades perdidas para el pensamiento creativo y para el juego. Estaban buscando un nuevo método, un *sistema* en el que pudieran confiar, sin importar el tipo de oficio que realizaran o la clase de día que tuvieran. Querían una estructura, pero una que resultara natural y que encajara con sus complejos estilos de vida y creara más libertad, no más límites.

Al tiempo que desvelaba e implementaba los detalles del qué, el cuándo y el cómo que constituían el núcleo de mis programas, comencé a hacer también algo más: comencé a escribir acerca del porqué que había detrás de todos estos pasos. ¿Por qué funcionaban tan bien? ¿Por qué contribuían de forma consistente a que las personas mejoraran su rendimiento y se sintieran mejor? ¿Había algo más profundo en todo esto? ¿Cuál era el fundamento de su éxito? Parecía haber unos principios que subyacían y se entrelazaban con la metodología, unos factores que valían para cualquier momento, lugar o persona.

Se puede ser un excelente piloto de coches de carreras sin saber nada sobre la gravedad, por más que ésta sea la fuerza subyacente que determina todo lo que se hace detrás del volante. Para ganar carreras, el piloto sólo necesita dominar el volante, la velocidad en las rectas y la técnica en los giros, y mantener el coche controlado en todo momento. Tú haces tu trabajo, y la gravedad hará el suyo. Contrólate a ti mismo, y no le pasará nada al coche. ¿Pero qué ocurre si al cabo de un tiempo no basta con conducir deprisa? ¿Qué ocurre si quieres acercarte más a los secretos que hay detrás de tus propios logros? ¿Y si comprender estos secretos te diera herramientas para aumentar aún más tu productividad y para alcanzar metas incluso mayores?

En 1997 comencé a explorar estas cuestiones y a recopilar una serie de principios que parecían hallarse en la base del comportamiento productivo; también comencé a escribir artículos informales acerca de las implicaciones y las aplicaciones de esas verdades en la vida cotidiana. En ellos desarrollaba mi premisa básica de que la capacidad de cada cual de ser productivo es directamente proporcional a su capacidad de relajarse. Traté de profundizar en cuatro áreas principales de comportamiento productivo:

1. Recopilar e identificar todos nuestros temas pendientes, tanto internos como externos, para recuperar la claridad y la energía.
2. Distribuir conscientemente nuestro enfoque entre los múltiples niveles de resultados y responsabilidades con los que estamos comprometidos.
3. Crear estructuras fiables y usarlas de forma consistente para promover la focalización adecuada, usando los recordatorios que sean necesarios.
4. Fundamentarlo todo en un progreso consistente y flexible en el nivel de la acción física.

Descubrí que la gente no necesitaba, en realidad, más disciplina; lo que necesitaba era un método disciplinado. No necesitaba trabajar más, lo que necesitaba era definir mejor su trabajo en múltiples niveles específicos y mantenerse atenta a todos ellos simultáneamente.

Detrás de todo esto se hallaba la idea de la *mente como agua*, una imagen que descubrí hace años cuando practicaba karate. Cuando lanzas un guijarro a un estanque, ¿qué hace el agua? Responde con total precisión a la fuerza y la masa de la piedra que has lanzado. No hace nada más ni nada menos de lo que debe. Su reacción no peca ni por exceso ni por defecto: en realidad, no hay ninguna reacción. El agua simplemente interactúa con cualquier cosa que encuentre y luego regresa a su estado natural. Sólo su composición le permite lograr algo así, y el ser humano sólo puede lograrlo también si establece deliberadamente un sistema y si tal sistema está basado en principios capaces de soportar el caos y el estrés. Tales principios deben estar a su vez en concordancia con algo más profundo de nuestra naturaleza.

Dos años después de ponerme a trabajar en estos textos, decidí escribir y distribuir una newsletter entre algunas personas que ya estaban familiarizadas con mis métodos. Mi esperanza era galvanizar una red de practicantes y construir una comunidad de personas dedicadas a hacer bien su trabajo, a compartir sus mejores prácticas y a disfrutar de la vida. Cada newsletter pretendía reforzar y expandir las ideas que había detrás del control relajado y de la excelencia en el rendimiento. Me preguntaba qué respuesta obtendría de la gente.

La respuesta pronto superó mis expectativas. En apenas dos años nuestra red de lectores se había multiplicado por diez, desde los dos mil hasta los veinte mil suscriptores. Un año más tarde había alcanzado los treinta mil y seguía tomando impulso. La gente compartía las newsletters a través de sus propias redes online, y éstas llegaban por correo electrónico a todo el país y a todo el mundo. Había quien imprimía, grapaba y encuadernaba copias de las newsletters y las distribuía entre sus amigos y sus colegas. Otros las hacían circular internamente en el trabajo. Aparecían por todas partes. Algunos de los textos se inclinaban hacia los consejos prácticos, otros se zambullían bajo la superficie, pero todos contribuían a desarrollar y a aumentar mi comprensión del *porqué*, y todos añadían valor a los anteriores.

El *feedback* fue tremendamente positivo: todo el mundo parecía ansioso por reforzar los fundamentos, por explorar las sutilezas y por lanzarse a la aventura de descubrir las sorpresas que hay detrás de las técnicas, las herramientas y las ideas más sencillas. No podía decirse que los interesados pertenecieran a la clase de personas con problemas: las mejores recompensas del uso de este material se han dado entre algunas de las mentes más brillantes y bien situadas del planeta, algunas ya en los percentiles más elevados de productividad según cualquier clasificación estándar.

Había llegado el momento de reunir todo este material en un libro.

Los principios, comentarios y artículos que vienen a continuación constituyen un cuerpo de pensamiento que ofrece, según creo, algo más que un conjunto de trucos o consejos. Se aplique o no el método completo de prácticas productivas que perfilé en *Organízate con eficacia* (*Getting Things Done*, o GTD), hay cosas que cualquier persona puede hacer mejor, en cualquier momento, que contribuirán a aumentar su productividad y su bienestar. Éstos son los dos elementos de tu vida que saldrán beneficiados y reforzados gracias a los principios y artículos que leerás a continuación.

He agrupado los textos en función de las cuatro grandes áreas de comportamiento productivo que contribuyen a reforzar: completitud, focalización, estructura y acción. Sin embargo, los principios y artículos así agrupados no pretenden limitarse a dichos encabezamientos ni aportar una exposición exhaustiva de estos temas, sino más bien estimular nuestra propia reflexión y exploración acerca de las mejores formas de gestión.

A veces lo que más necesitan los individuos (y los grupos) es resolver cuestiones pendientes y poner orden en sus asuntos (primera parte). Otras veces la clave está en adoptar el enfoque adecuado (segunda parte). Otras situaciones convertirán las estructuras y los sistemas en el factor más importante para el crecimiento (tercera parte). Y otras requerirán simplemente dejar de intentar que todo sea perfecto y ponerse en marcha (cuarta parte). Todos estos aspectos son importantes, pero a menudo uno en particular será el trampolín hacia el siguiente nivel de productividad. A modo de referencia y recordatorio, la quinta parte ofrece en forma de listas las prácticas esenciales para mantenerse en lo alto de la ola.

Observarás que estos textos no son exposiciones detalladas de los principios en cuestión, sino más bien elaboraciones dirigidas a sugerir ideas.[1] Y las preguntas finales («Por cierto...») no pretenden ser sino catalizadores de tus propias reflexiones acerca de posibles aplicaciones a tu situación particular. La conciencia y la conducta humanas son a veces muy simples y muy complejas a la vez, además de infinitamente explorables, por lo que he tratado de no cerrar demasiado las cuestiones. Pero sí que encontraréis algunas indicaciones acerca de cómo es el trabajo en los niveles más elevados, cómo funcionamos nosotros y cómo funciona el mundo. A medida que vayas absorbiendo y poniendo en práctica estos principios, es muy probable que logres mejorar tu aportación al trabajo y al conjunto de vuestra vida. Es probable que leerlos sirva para reforzar ciertos cambios sutiles en tu manera de percibir las cosas, que lleven a su vez a cambios en tu comportamiento. Un cambio en el comportamiento lleva a un cambio en las acciones y en los resultados. La espiral va ganando fuerza. El cambio se produce, y hay un progreso. A menudo lo que marca las mayores diferencias son las pequeñas cosas, realizadas de forma consistente en puntos estratégicos.

Tal como dije, es probable que no necesites trabajar más duro. Por otro lado, es posible que no sientas la necesidad de instaurar paso a paso y en todas sus partes y procesos el sistema que proponía en *Organízate con eficacia*. Pero al me-

1. Los principios han sido numerados secuencialmente para este libro, sin seguir la numeración de las newsletters (la numeración original también era arbitraria). Algunos artículos han quedado emparejados con principios distintos de aquéllos a los que se asociaron originalmente.

nos, de vez en cuando, tendrás la necesidad de gestionar mejor los temas pendientes, de ser más creativo y expansivo, de focalizar más tu pensamiento, de acceder a tu intuición, de mejorar tus estructuras, de ser más flexible, de estar más relajado o simplemente de ponerte en marcha con acciones concretas. Cualquier punto de los anteriores, o todos a la vez, podría mejorar tu productividad. Este libro aporta perspectivas importantes en todas estas áreas y podría tener aquella clave que necesitas para ponerte en la senda de nuevos y fructíferos niveles de expresión.

Es posible que este material te resulte en alguna medida familiar, no porque lo hayas leído en ninguna otra parte, sino porque lo reconocerás como algo que ya sabes por intuición. Obtener valor de estos contenidos no requiere nuevas competencias o aprender ningún conjunto complejo de información nueva. Estos textos confirmarán probablemente buena parte de lo que ya haces y sabes que funciona. Pero también te retarán a aplicar esas intuiciones de un modo mucho más consistente y consciente: ahí es donde reside el verdadero poder. Este libro es una compilación de perspectivas y comportamientos efectivos, aplicables en cualquier lugar y en cualquier momento. Aunque cada uno tiene valor por sí mismo, en conjunto proporcionan una rica experiencia contextual que excede la suma de sus partes. Tanto si se trata de una lectura ocasional como si lees el libro de un tirón, te invito a que permitas emerger ante ti, a medida que vayas pasando las páginas, la imagen de una disposición vital positiva y dinámica.

No deja de sorprenderme nunca la multiplicidad aparentemente infinita de formas posibles de examinar y experimentar los principios de la eficacia personal. Nuestros viajes siempre van a parar a las mismas verdades básicas, pero nuestras exploraciones nos llevan de regreso a esas intuiciones de formas nuevas y más profundas. Las reflexiones recogidas en este libro te abrirán más puertas y te llevarán a nuevos descubrimientos. Una capa de significado dará paso a otra, y luego a otra y a otra. La espiral seguirá tomando fuerza. Para mí es tan interesante e inspirador pensar en aquello que todavía no está en este libro como en aquello que sí que contiene. Espero que para ti sea también una puerta de entrada en vez de un acto final.

Para el practicante de artes marciales, *estar preparado* no es ningún estado pasivo, reactivo o finito. Es un estado totalmente dinámico, vivo, creador y expansivo. Sin embargo, no es totalmente libre. Requiere una formación y una experiencia cada vez más sutiles tanto en el trabajo como en la vida. Espero que estos principios sean los mojones y los carteles indicadores que te permitan orientarte en tu camino.

Primera parte

VACÍA TU MENTE PARA SER MÁS CREATIVO

o

Cómo lograr que los temas pendientes te dejen tranquilo

Es una locura. No tenemos tiempo de hacer nuestro trabajo, por culpa de todo el trabajo que tenemos que hacer. Y cuidaríamos mucho más los detalles, si no tuviéramos tantos detalles que cuidar. Los mosquitos pueden echar al traste toda una expedición de caza mayor. Hay una luz al final de este túnel, pero para llegar hasta ella es preciso recorrerlo entero. A veces, la mayor ganancia en energía productiva vendrá como resultado de quitar las telarañas, resolver viejos asuntos y poner orden en nuestras cosas: debemos apartar toda la basura que nos impide avanzar.

1

Hacer limpieza abre nuevas perspectivas

Resolver temas pendientes, ya sean grandes proyectos o simples tareas de organización y limpieza, te permite tener más energía para responder a cualquier nueva situación que se presente. A menudo no estamos seguros de qué hacer a continuación o qué asunto abordar primero. Cuando te ocurra eso, lo que debes hacer es limpiar alguna cosa o terminar algún asunto pendiente: algo obvio y que tengas justo delante de ti. Pronto encontrarás la energía y la claridad necesarias para saber qué hacer a continuación, y habrás desarrollado una actitud más efectiva en todos los frentes. Procesa tu bandeja de entrada, revisa tus correos electrónicos o limpia el cajón de tu escritorio. Igualmente tenías que hacerlo en algún momento.

¿Preparado para lo desconocido?

Va a ocurrir algo —probablemente en los próximos días— que cambiará tu mundo. Todavía no puedes verlo. No sabes de qué se trata. Pero allí está, avanzando inexorablemente, destinado a lanzarte una bola con efecto que no esperas. Puede aparecer más pronto o más tarde: pero aparecerá. Confía en mí.

Escribe las siguientes palabras en tu calendario, exactamente cuatro semanas después de hoy: «David Allen dijo hace un mes que iba a ocurrir algo que no podía prever y que me afectaría de forma significativa». A ver si me equivoco.

¿Estás preparado? ¿Vas a vivirlo como una pérdida de control sobre tu mundo y empeorar así el impacto de este nuevo evento o *input*? ¿O vas a verlo como una nueva oportunidad creativa capaz de transportarte a un nuevo nivel de expresión y contribución? ¿De qué modo te estás preparando para las sorpresas que esta nueva experiencia te va a deparar inevitablemente?

Pienso que hay básicamente dos maneras de enfrentarse a cualquier oportunidad imprevista:

1. **La espiritual:** Dios lo es todo y tú eres parte de ese todo, de modo que relájate.
2. **Todas las otras:** en este caso debes organizarte a fin de adaptarte a las necesidades del caso.

Todo progreso intelectual tiene su origen en el ocio.

Samuel Johnson

El perdón abre la única vía posible para pensar creativamente acerca del futuro.

Padre Desmond Wilson

Un viejo proverbio asiático dice: «Cuanto más sudas en tiempo de paz, menos sangras en tiempo de guerra». El modelo militar es acertado aquí: en las fuerzas armadas, cuando no estás luchando te estás entrenando. La mayoría de las personas sólo se preparan para el cambio unos días antes de unas largas vacaciones, cuando se divorcian y tienen que vender todo lo que tienen y mudarse, o cuando algún otro evento importante de la vida les obliga a replanteárselo todo y a poner en claro sus compromisos y *sus cosas*. En esos momentos ponen orden en su vida, cierran temas pendientes y renegocian todos sus acuerdos con ellos mismos y con los demás.

Sugiero que hagas eso cada semana. Y que estés lo bastante organizado como para que, cuando una reunión empiece tarde, puedas aprovechar el tiempo para procesar tu bandeja de entrada o para disminuir un poco tu pila de comunicados pendientes de leer. O que mientras esperes a que tu pareja esté a punto (quiero decir, realmente a punto), pienses en si tienes alguna llamada pendiente. Conozco a muy pocas personas en el planeta que se preocupen adecuadamente de su tiempo y de lo que están haciendo, cada minuto, para maximizar esa clase de oportunidades. Si no estabas aprovechando tu tiempo de este modo, yo te preguntaría: ¿por qué no?

> Cuando lo sabes todo, eres como un cielo oscuro. En los cielos oscuros surgen a veces relámpagos. Cuando el relámpago ha pasado, te olvidas de él y sólo queda el cielo oscuro. La clave es no dejarse sorprender cuando de repente surge un relámpago. Y, cuando lo haga, tal vez se revele una vista magnífica. Conseguir el vacío en nosotros mismos nos permite estar preparados para contemplar el relámpago.
>
> SHUNRYU SUZUKI

¿Cuándo fue la última vez que revisaste tu lista de proyectos (aquellas cosas que requieren más de una acción para realizarse) y la pusiste al día introduciendo en tu sistema una próxima acción para cada uno de ellos? Cuanto más tiempo lleves sin hacerlo, tanto más estrés innecesario estarás acumulando.

Si todavía no tienes ninguna lista de proyectos, lo primero que debes hacer es conseguir un dispositivo para registrar ideas que pueda acompañarte a todas partes: cualquier cosa que sirva para escribir o bien registrar lo que sea que se te ocurra allí donde se te ocurra. Necesitas algo que puedas llevar siempre contigo: en la playa, en el club, en tu escritorio, en una cena. Es muy útil que puedas asociarlo de algún modo a tu cartera o a tu bolso, dado que éstos figuran ya en dicha categoría. Cuanto más viejo, astuto y sofisticado seas, tanto en lo personal como en lo profesional, más a menudo te ocurrirá que tus mejores ideas surjan en lugares donde no puedan llevarse a cabo.

Seguramente comprendas desde un punto de vista intelectual el interés de sacar todo lo que tengas en la mente que pueda tener valor en el futuro o que pueda llevar a nuevos acuerdos contigo mismo y con los demás. Pero es preciso que pongas en práctica esa idea escribiendo todo lo que se te ocurra. Si al leer esto se te está ocurriendo alguna *cosa que hacer*: ¿dónde la estás anotando? Libretas de bolsillo, tarjetas de tres por cinco, grabadoras de bolsillo, cualquier sistema.

Haz que tu dispositivo de registro esté a mano y a punto, como un accesorio vital ordinario. Ir a alguna parte sin él debería ser tan extraño para ti como ir sin zapatos. Si lo haces, accederás a un nivel totalmente nuevo de pensamiento y acción creativa.

Por cierto...

- ¿Cuáles son las áreas de tu vida en las que podrías poner orden?
- ¿Qué debes hacer primero, cuando no estás seguro de qué hacer?
- ¿Qué podrías *perdonar* hoy?

2

Sólo puedes sentirte bien con lo que no estás haciendo cuando sabes qué es lo que no estás haciendo

El estrés procede del incumplimiento de acuerdos a los que has llegado contigo mismo. Las únicas formas de aliviarlo son cancelar los acuerdos, cumplirlos o renegociarlos. Pero no puedes renegociar contigo acuerdos que has olvidado. Como la RAM psíquica no distingue entre pasado y futuro, las cosas que hay en ella te presionan todo el tiempo para que las hagas. Para aliviar la presión, es preciso volverlas conscientes, y mantenerlas así.

¿Por qué el intento de *organizarse* ha sido casi siempre un fracaso?

> Ponte una lavativa en el cerebro. Te irá mejor que una en los intestinos.
>
> Michel Eyquem de Montaigne

El otro día tuve otra ICO: una iluminación cegadora de lo obvio. Muchas personas son alérgicas a *organizarse* porque han experimentado una consistente falta de éxito en sus intentos anteriores de usar listas de cosas por hacer. Dichas listas han fallado porque trataban de comprimir funciones muy distintas en un mismo evento y contexto. Si tratas de simplificar demasiado, al final lograrás que todo parezca más difícil y complejo. Todos nos hemos sentido acorralados alguna vez por un exceso de tareas que reclamaban nuestra atención, y hemos buscado un alivio temporal *elaborando una lista*. Pero esta clase de remedios rápidos no funciona como estrategia continuada.

Al sentarse a hacer una lista, la mayoría de las personas tratan de unificar en una sola operación las cinco fases que hemos definido para dominar el flujo del trabajo: recopilación, procesamiento, organización, revisión y acción. Se esfuerzan a la vez por sacar todo lo que tienen en su mente, decidir qué significa cada cosa, establecer algún orden lógico o relevante entre todas las tareas pendientes, emitir una evaluación de cada una en relación con las demás, y, finalmente, escoger cuál es *la más importante*. Las personas que hacen esto obtienen un alivio a corto plazo de su confusión, pero siguen siendo vulnerables a todos los temas que no han logrado recopilar, procesar, organizar, revisar o valorar.

> Hay que simplificarlo todo tanto como sea posible, pero no más.
>
> ALBERT EINSTEIN

A lo largo de muchos años de investigación y formación, hemos descubierto que es mejor tratar todos estos aspectos del flujo de trabajo como actividades separadas. Primero debes recopilar todo lo que tienes en la mente, ya sea importante o trivial. Luego debes examinar cada elemento de este inventario y preguntarte: ¿puedo hacer algo al respecto? Si fuera así, ¿cuál sería el resultado de esta acción? ¿Cuál sería la próxima acción? Luego debes organizar los resultados de esta reflexión en categorías adecuadas. En este punto ya estás en condiciones de evaluar todas tus opciones y tomar la mejor decisión, a la vista de todos los criterios relevantes (tiempo, energía, contexto, prioridades, etc.).

Organizarse es simple, pero no simplista.

Tómate cinco minutos, coge un bolígrafo y suelta todo lo que te venga a la mente. No analices ni organices nada. Más tarde ya resolverás qué significa cada cosa, si es que significa algo. De momento limítate a soltarlo. Date la libertad de hacer una cosa cada vez. Sé creativo, sé un visionario, exprésate y déjate ir sin que te pese la responsabilidad de realmente *hacer* nada al respecto. Luego podrás ponerte en el rol de gestor y decidir tácticamente en función del lugar y el momento entre todas las opciones que tienes abiertas. Cada una de estas actividades es una tarea importante que requiere energías y puntos de vista únicos. No las confundas.

Por cierto...

- ¿Cuándo fue la última vez que exteriorizaste todo lo que tienes en tu mente?
- ¿Hay algo pendiente que deberías hacer y que estás evitando?
- ¿Cómo te sentirías si no tuvieras que preocuparte por las cosas que no has hecho?

3

Saber cuáles son tus compromisos te permite escoger mejor tus nuevos compromisos

Si no has realizado un inventario completo de tu trabajo actual, no podrás saber realmente qué es lo que no puedes hacer. Tu integridad te empujará a asumir una cantidad infinita de cosas nuevas por hacer. Pero si examinas conscientemente todos tus compromisos, esa misma integridad te obligará a discriminar y a decir que no, pues serás más consciente de tus capacidades. Por ejemplo, si has previsto leer cosas en diversos lugares, tendrás problemas para cumplir con alguna de esas lecturas; pero ponlas todas juntas y verás que en pocos minutos terminas con un buen número de ellas.

Cuando el centro es la periferia

> Afortunado es el hombre que sabe tomarse la medida a sí mismo y mantiene un equilibrio adecuado entre lo que puede conseguir y lo que puede utilizar.
>
> Peter Mere Latham

Hay una pregunta que surge de modo recurrente en mi actividad de formar a las personas en el arte marcial del trabajo: ¿cuál es el término medio ideal entre la libertad y la estructura? ¿A partir de qué punto comienza a ser excesiva la organización o el control? ¿Cuándo se convierte la construcción en una constricción? Y al revés: ¿cuándo se convierte la flexibilidad en desorden, la apertura en una fuente de agotamiento, la despreocupación en dejadez?

Estamos condicionados para pensar que los límites son un freno: «No me pongas límites». Pero también nos enseñan que para hacer algo debes empujar con todas tus fuerzas para obtener un resultado: «Hay que arrimar el hombro». ¿Cuál es la mejor forma de enfocar la cuestión?

> Debemos evitar dos errores complementarios: por un lado, la idea de que el mundo posee una estructura intrínseca y preexistente que espera a ser descubierta por nosotros; y por otro lado la idea de que el mundo es un caos completo. El primer error corresponde al estudiante que se maravilla de que los astrónomos pudieran descubrir los nombres verdaderos de las constelaciones más lejanas. El segundo error es el de la morsa de Lewis Carroll, que clasificaba los zapatos con los barcos y los lacres, y las coles con los reyes.
>
> Reuben Abel

No se trata únicamente de una discusión teórica o bien filosófica. Cuando se reciben diariamente cuatrocientos correos electrónicos, un centenar de mensajes de voz y cincuenta interrupciones inesperadas, hay que afrontar la cuestión de la libertad o la estructura. Los adeptos a la libertad se sienten frustrados y molestos por la mera existencia de todos esos *inputs* y desearían ignorarlos sin más (excepto los que son divertidos, llevaderos, interesantes, los que son realmente *guays*). Los fanáticos del control tienen reglas, agentes y carpetas para cada detalle, lo que tal vez limite el radio de acción de sus vidas por miedo a todo lo que una perspectiva más amplia podría generar.

Todos tenemos algo de los dos. Queremos controlar las cosas, pero no imponernos límites. El problema proviene de la connotación (y la experiencia) negativa que a menudo acompaña a la idea de control, según la cual se trata de algo realmente limitador y opresivo, como estar encerrado en una prisión. Hay una forma de disfrutar de las ventajas de ambos, pero requiere confiar en dos estrategias básicas: la concentración y la cooperación.

Estas dos estrategias combinadas nos dan toda la libertad que queremos y toda la estructura que necesitamos para maximizar nuestra efectividad. La concentración es la clave del poder, tanto en la física como en la vida, y la cooperación es el lubricante para que esa energía fluya de forma eficiente. Los atletas de élite son un ejemplo perfecto: su concentración es total y al mismo tiempo prestan gran atención a las realidades que los rodean y a la forma de adaptarse a ellas para sacarles el mejor partido.

Para revisar los correos electrónicos es preciso concentrarse. ¿Qué es lo que estás haciendo, y qué relevancia tiene cada comunicación en relación con eso? Pero también es preciso cooperar. Los correos están allí: tú los has creado o al menos has dado pie a que se crearan, y ahora debes desarrollar una estrategia y un proceso para lidiar con ellos. Una de las estrategias refuerza la otra. Debes cooperar contigo mismo y con tu mundo para superar las resistencias y las distracciones, con el fin de poder concentrarte. Y debes concentrarte para clarificar la naturaleza de cada cosa y el mejor modo de enfrentarte a ella de forma cooperativa.

> Al lado del noble arte de hacer las cosas, existe el noble arte de dejar las cosas por hacer. La sabiduría de la vida consiste en la eliminación de lo no esencial.
>
> LIN YUTANG

Lidiar de modo elegante con la vida y con el trabajo exige una rigurosa concentración en lo que estás haciendo y una elevada sensibilidad y receptividad hacia todos los detalles de tu mundo. Puede parecer fácil, pero es toda una hazaña saber al mismo tiempo qué es lo que estás haciendo, dónde estás yendo, identificar todos tus compromisos y cooperar con todo lo que no está ocurriendo... para concentrarte totalmente en lo que está ocurriendo.

Por cierto...

- ¿De qué te gustaría liberarte realmente? ¿Qué clase de disciplina haría falta para lograrlo, y a qué deberías aplicarla?
- ¿Dónde te iría bien más flexibilidad?
- ¿Dónde te iría bien más estructura?

4

Para llegar adonde quieres, primero debes saber dónde estás

Un mapa no sirve de nada hasta que sabes cuál es tu posición en él. Saber ubicarte en el espacio y el tiempo te proporciona una referencia para determinar cuánto debes moverte y en qué dirección. Contemplar objetivamente tu realidad actual reduce siempre la confusión y los desajustes. Ponerte de acuerdo contigo mismo y con los demás acerca de cuáles son los hechos en este momento —en tu empresa, en tu proyecto, en tu vida— es crucial para avanzar sin tropiezos.

Olvídate del futuro: busca sólo una referencia en el presente

En el movimiento de crecimiento personal existe un dicho: «Todo aquello a lo que te resistes persiste». Últimamente he estado comprobando lo verdadera que es esta sentencia en el caso de muchas personas. Si no tienes claro en qué consiste tu trabajo actual y evitas realizar un inventario completo y objetivo de él, te será muy difícil hacer que tu trabajo sea distinto o mejor.

> La auténtica generosidad hacia el futuro consiste en entregarlo todo al presente.
>
> ALBERT CAMUS

A menudo me preguntan: «¿Cómo puedo establecer las prioridades?». Mi respuesta es siempre la misma: «¿Cuál es tu trabajo?». Para saber qué actividades son más importantes, debes tener un punto de referencia para determinar aquello que quieres mantener, conseguir o experimentar: debes saber cuál es tu trabajo. ¿Pero cuál es la realidad total de tu *trabajo* ahora mismo? La respuesta a esta pregunta raramente es tan obvia como se podría pensar.

Para responderla, es preciso responder a otras seis cuestiones. Comenzando por las siguientes:

1. ¿Cuáles son tus tareas actuales? Se trata de las acciones físicas que debes realizar ahora mismo en relación con todos tus compromisos y responsabilidades: llamadas telefónicas, correos electrónicos, conversaciones, recados, aportación de ideas, etc. Una persona normal tendrá entre cien y doscientas tareas de este tipo al día.
2. ¿Cuáles son tus proyectos actuales? Se trata de los resultados que has acordado contigo mismo alcanzar y que requieren más de una acción para completarse, como cambiar los neumáticos de tu coche, mandar a tus hijos al campamento de verano o comprar una empresa. La mayoría de personas tienen entre treinta y cien proyectos de este tipo.
3. ¿Cuáles son tus áreas actuales de responsabilidad? La mayoría de personas tienen entre diez y quince, entre las que figuran las principales áreas de su trabajo (desarrollo del personal, gestión de activos, planificación, servicio al cliente, etc.) y las categorías clave del nego-

cio de la vida (finanzas, salud, familia, hogar, carrera, recreo, etc.).
4. ¿Qué cambios se producirán en tu vida personal y laboral en el próximo año? Se trata de objetivos que uno se ha comprometido a cumplir o a mantener en los próximos meses: metas, resoluciones de cambio, grandes proyectos y demás.
5. ¿Cómo van a evolucionar tu organización, tu carrera y tu vida personal? Se trata de adoptar perspectivas más amplias: cómo deberían ir las cosas en los próximos años.
6. ¿Por qué estás en este planeta? La cuestión aquí es el sentido de la existencia, tu *trabajo* como ser humano.

> Acostumbrarte a la edad que tienes lleva alrededor de diez años.
>
> AUTOR DESCONOCIDO

Si realizas un inventario completo de los compromisos, asuntos y proyectos que tienes abiertos en estos seis niveles, dispondrás de una buena definición de tu trabajo. Pero, en la actualidad, son muy pocas las personas que están siquiera cerca de identificar completamente todos estos elementos.

> La disciplina no significa represión y control, ni sumisión a un modelo o ideología. Significa que la mente vea «lo que es» y aprenda de «lo que es».
>
> J. KRISHNAMURTI

A menudo me he pasado entre diez y quince horas con una persona tan sólo para identificar cuál es su trabajo en los dos niveles más mundanos y operacionales de todos: las acciones y los proyectos. Sin antes objetivar este inventario para hacer limpieza del armario psicológico, difícilmente estarás en condiciones de mantener una conversación con tu jefe, tu socio o tu esposa para redefinir tu trabajo o para hacer frente a los cambios necesarios en una relación. Aquellos que no abordan las cuestiones básicas acerca de lo que están haciendo, ahora mismo, en los niveles más funcionales, son a menudo reacios a pensar seriamente en las medidas que deben tomar para adaptarse a los cambios que inevitablemente van a tener lugar en sus empresas, en el mundo y en sus vidas.

Muchas personas tienen una vaga sensación de que quieren hacer o ser algo en el futuro: algo distinto. Pero sin un punto de referencia real que les diga dónde *están* realmente en todos los niveles de la vida, están condenados a vagar eternamente como el holandés errante. En cambio, el esfuerzo de clarificar y organizar lo que tienes delante, ahora mismo, con un mínimo detalle, abrirá las puertas de tu inspiración y tu creatividad ante lo que ha de venir, sin necesidad de realizar ningún esfuerzo por tu parte.

Si no sabes dónde estás sobre el mapa, no sabrás si debes girar a la izquierda o a la derecha para salir por la puerta, por más claro que tengas tu objetivo. Es todo un reto objetivar el inventario total de lo que has creado en tu trabajo y en tu vida. Pero aceptar tu situación real lo cambiará todo, en muchos sentidos positivos.

Por cierto...

- ¿Cuál es tu situación real ahora mismo? ¿Serviría de algo incluir a otras personas en tu vida y trabajar en alguno de estos asuntos ahora mismo?
- En relación con algo que consideres un problema ahora mismo, ¿cuáles son los datos concretos que te hacen considerarlo un problema? ¿Puedes ver de otro modo esta información?

5

Las infinitas oportunidades se aprovechan a través de posibilidades finitas

> Tener demasiadas cosas es perfectamente posible. Un hombre que tiene un reloj sabe qué hora es; un hombre que tiene dos relojes no está nunca seguro del todo.
>
> LEE SEGALL

El esfuerzo por hacerlo todo, tenerlo todo y serlo todo termina agotando el mecanismo humano. Por más que vayas consiguiendo en la vida, por delante de ti siempre tendrás un *más y mejor*. Para navegar sobre las olas y no ahogarse es preciso dividir el infinito *todo lo que puedas querer* en pedazos factibles y tangibles. La expresión expansiva exige inteligencia y autolimitación consciente para resultar sostenible.

ASESORÍA DE GESTIÓN DE TRABAJO EN UN MINUTO

He concedido numerosas entrevistas exprés en radio y televisión, la clase de charlas que te conceden cincuenta y tres segundos para dar las claves de la salud, la riqueza y la felicidad. En ellas me he visto obligado a destilar mi mensaje hasta lo más esencial. Una pregunta típica sería: «David, ¿cuál es nuestro peor hábito de cara a nuestra productividad?».

He aquí mi respuesta. No es uno solo, sino cinco combinados: la mayoría de las personas se quedan cosas en su mente. No deciden lo que deben hacer aun cuando saben que deben hacer algo respecto a una cosa. No organizan sus recordatorios para las acciones y los materiales de soporte en categorías funcionales. No llevan ni actualizan un inventario completo y objetivo de sus compromisos. Como resultado malgastan sus energías hasta agotarse, dejando que su actividad siga los dictados de lo último y lo más escandaloso, con la esperanza de que sea la acción adecuada, pero sin experimentar nunca el alivio de que realmente lo sea.

> A falta del control adecuado, el trabajo fluirá hacia el hombre competente hasta sumergirlo.
>
> CHARLES BOYLE

¿Qué tal lo hice? Me limité a subrayar las peores prácticas en los cinco estadios de gestión del trabajo: recopilación, procesamiento, organización, revisión y acción. No puedo decirle a ningún entrevistador que uno de ellos en particular es el problema. Podrías estar haciéndolo muy bien en cuatro de estos apartados, pero si uno falla tal vez todo se venga abajo. El proceso global es tan bueno como el eslabón más débil de la cadena.

> Cuando la vida pide más a las personas de lo que éstas piden a la vida —como sucede habitualmente— el resultado es un resentimiento hacia la vida casi tan profundo como el miedo a la muerte.
>
> TOM ROBBINS

La mayoría de las personas se quedan cosas en la mente, lo cual bloquea el proceso desde el primer momento. Mucha gente anota una gran cantidad de tareas, pero no decide lo que debe hacer con ellas. E incluso cuando piensa realmente en las acciones requeridas (antes de que sea en un formato de crisis), no organiza los recordatorios de modo que se vean en los contextos en que las acciones son posibles. La mayoría de las personas que sí organizan esas listas, en una explosión de productividad inspirada, dejan que sus sistemas pierdan rápidamente su consistencia y queden desfasados. Como consecuencia de esta falta de cuidado y atención de las herramientas mentales, la vida y el trabajo se convierten en una sucesión de respuestas reactivas en lugar de una cadena de elecciones orientadas.

«De acuerdo, David, y entonces, ¿qué debemos cambiar?» (Algunos entrevistadores conceden otros cincuenta y tres segundos para esta segunda pregunta.)

Es una combinación de cinco prácticas óptimas, les digo. Saca todo lo que tienes en tu mente. Decide qué acciones se requieren cuando las cuestiones se presentan, no cuando revientan. Organiza los recordatorios de tus proyectos y de las acciones a emprender en relación con ellos en categorías adecuadas. Mantén tu sistema al día, completo y suficientemente revisado para confiar en tus elecciones intuitivas acerca de lo que estás haciendo (y dejando de hacer) en cualquier momento.

Supongo que podría haberlo simplificado aún más: focaliza tu atención en resultados positivos y dirige siempre tus próximas acciones hacia lo más importante. ¿Pero quién no sabe eso? El reto consiste en lograr una implementación consistente de este principio que pueda integrar todos los aspectos de nuestra vida. Y no es tan sencillo.

Por cierto...

- ¿Has repasado recientemente la lista de funciones que definen tu trabajo (entre cuatro y siete áreas de interés y responsabilidad)?
- ¿Has revisado las áreas de interés en tu vida personal (entre cinco y diez: salud, finanzas, carrera, relaciones, etc.) para asegurarte de que tienes todos los proyectos necesarios bien definidos y que los mantienes intactos y al día?

6

Tener dos compromisos distintos en la mente lleva al estrés y al fracaso

A un nivel subliminal eres consciente de todos tus compromisos, grandes y pequeños, personales y profesionales; todos ellos están almacenados en una RAM psíquica, a menos que los definas y los revises de manera consciente y objetiva. Sin embargo, esa parte de la psique no tiene noción del pasado o del futuro, de modo que cuando se le pide que mantenga presentes dos incumplimientos, se produce frustración y ansiedad. Una parte creativa de ti está tratando de cumplir con ambos al mismo tiempo, lo cual es imposible. Pero no abandona. Sigue probando y probando y probando...

Organízate con eficacia: ¿reactivo o proactivo?

Alguien me comentó recientemente que la metodología que propongo en *Organízate con eficacia* es más *reactiva* que otros programas que ponen el énfasis en las prioridades y en hacerse un *cuadro general*. Es una crítica comprensible. Gran parte de nuestro trabajo se sitúa en el nivel de los papeles que tenemos sobre la mesa, de los *post-its* psíquicos (*debería* y *tengo que*) que tenemos en el cerebro, y de los miles de correos electrónicos que inundan nuestro ordenador. No comenzamos preguntando por qué tenemos esas cosas delante o cómo ordenarlas por orden de importancia. Sin embargo, hay un método detrás de nuestra locura.

Dedicar tiempo y energía a atar todos los cabos sueltos que tienes a tu alrededor podría considerarse un planteamiento reactivo. ¿Pero lo es realmente? Has permitido que esos *inputs* lleguen a tu mundo, tanto física como psicológicamente, y tu reacción ante ellos (o ausencia de reacción) tiene un efecto directo sobre tu energía y sobre tu capacidad de mantener el control de todos tus recursos psíquicos. Nuestro proceso te empuja (suavemente) a reaccionar ante ellos. ¿En qué consisten estos *inputs*? ¿Qué compromiso mantienes con ellos? ¿Cuál es la siguiente acción requerida para cumplir con este compromiso? ¿Qué deberías examinar y organizar para despachar del mejor modo posible cada uno de estos asuntos?

¿No sería mejor comenzar por las cosas que sirven para establecer prioridades: las metas, los valores, las misiones y los objetivos estratégicos? ¿No sería mejor ser más proactivos, creativos y adelantarnos más a los acontecimientos, en lugar de centrarnos en los detalles del pasado?

Sin duda. Pero una de las razones por las que generalmente no empezamos por ahí es que resulta casi imposible concentrarse en el cuadro general cuando la mayor parte de nuestra energía subliminal está enredada en los *cabos sueltos* psíquicos de nuestro mundo. Para poner en marcha y acceder de forma más fácil y efectiva al proceso creativo necesario para pensar una nueva realidad, es preciso liberar la RAM psíquica.

Hay otra razón igual de importante para que hagamos tanto trabajo práctico con las personas para procesar esa clase de detalles: estamos entrenando un comportamiento poderoso, productivo y proactivo. Mucha gente que pretende guiarse únicamente por las cosas *más importantes* sólo las aborda en realidad cuando han llegado al nivel de la urgencia o la inmediatez. Ignorar los compromisos que aún no han entrado en crisis, pero que siguen siendo necesarios es, en realidad, más reactivo que proactivo. Si alguien piensa que los detalles que le rodean desaparecerán automáticamente en cuanto adopte una orientación clara, nueva y positiva, será mejor que se lo medite una segunda vez. Lo que ocurrirá es que deberá lidiar con todos esos detalles de acuerdo con la nueva perspectiva. Abandonarlos, archivarlos, realizarlos, delegarlos, hacerlos circular o aparcarlos en espera de un momento más apropiado.

> Adoptar nuevos proyectos no es necesariamente un cambio positivo. Puede ser un signo de temeridad o de insatisfacción. Sin embargo, recorrer tus incumplimientos a todos los niveles para darles cumplimiento, eso sí que es un signo de cambio positivo.
>
> JOHN-ROGER

Aprender a responder de forma efectiva y eficiente a todo lo que se presenta es un hábito poderoso. Siempre tendrás prioridades, y éstas se desarrollarán y transformarán a medida que vayas madurando. Tal vez las prioridades puedan volver más fácil la decisión de qué revista leer o a qué correo electrónico dedicar tu tiempo en primer lugar. Pero la capacidad de procesar y despachar de forma clara y eficiente todo lo que pueda presentarse no es un resultado automático del simple hecho de tener prioridades.

Incluso cuando reconoces y asumes una meta o un proyecto, debes seguir *reaccionando* frente a él para darle expresión y cumplimiento. En eso consiste precisamente la capacidad de responder proactivamente. A medida que te preparas y te sensibilizas para ser capaz de evaluar y despachar adecuadamente cualquier asunto, aumentas tu madurez para hacerlo con resultados cada vez mejores.

> Si sabes encontrar el punto de equilibrio, podrás resolver los pequeños asuntos. Si puedes resolver los pequeños asuntos, podrás dejar de correr de un lado para otro. Tu mente encontrará la serenidad. Si tu mente encuentra la serenidad, podrás pensar delante de un tigre. Si eres capaz de pensar delante de un tigre, seguro que tendrás éxito.
>
> MENCIO

Puedes estar seguro de que tendremos contigo todas las conversaciones necesarias para reenfocar tus actitudes, tus proyectos, tu trabajo, tus áreas clave de actividad, tus objetivos a corto plazo, tus proyectos a largo plazo y la razón última de tu existencia. Pero preferiríamos hacerlo cuando ya hubieras procesado todos los detalles cotidianos de tu vida y de tu trabajo, y desarrollado la disciplina necesaria para hacer lo mismo con todo lo demás a partir de ahora. Si no has aprendido a dominar la hoja suelta en tu escritorio o los correos electrónicos de tu ordenador, te sigue faltando un elemento básico para cualquier clase de manifestación.

Por cierto...

- ¿Qué es eso que tienes guardado en la mente y que no para de recordarte el acuerdo que tienes contigo mismo de hacer algo distinto de lo que estás haciendo?
- ¿Qué compromiso has evitado cumplir hoy? ¿Qué te hace pensar que no seguirá ahí mañana? ¿Cuán útil sería sacártelo de la mente ahora mismo?

7

Las prioridades sólo funcionan en el ámbito consciente

Todas tus acciones y proyectos tienen una importancia relativa para ti, pero sólo después de que los hayas comparado conscientemente. Si tienes algo meramente archivado en tu memoria (RAM psíquica), utilizará un espacio mental inadecuado e improductivo, y es probable que la tengas sobrevalorada o infravalorada. Mantener un inventario completo, actualizado y revisable de todas las cuestiones abiertas, no importa lo grandes o pequeñas que sean, es un prerrequisito para establecer prioridades fiables.

El peligro de los proyectos *no tan importantes*

> No hay nada tan fácil que no se vuelva difícil cuando lo haces a disgusto.
>
> Terencio

Muchos de los desastres de productividad personal que vemos estos días proceden de la incapacidad de manejar las cuestiones de importancia secundaria. ¿No te parece a veces que no tienes tiempo de atender a todas las cuestiones secundarias, que hay demasiadas crisis y accidentes menores que demandan a cada momento tu atención? Y bien, ¿de dónde crees que surgen todas esas crisis y accidentes? Correcto: de cuestiones secundarias que ignoraste a causa precisamente de todas esas crisis y accidentes. Éste es un síndrome que no se corrige por sí solo, sino que se perpetúa.

Atribuyo parte de la culpa de esta situación al código de prioridades ABC que se ha extendido últimamente en los talleres de gestión del tiempo y establecimiento de prioridades. Entiendo que se enseñe a las personas que si tienen un margen para decidir qué deben hacer con su tiempo, algunas elecciones generan mejores resultados que otras. Pero el defecto de este principio es que anima a descuidar la responsabilidad de gestionar muchas cuestiones abiertas que no desaparecen simplemente porque no sean una prioridad de tipo A.

> Si está en tu mano hacer algo, también está en tu mano no hacerlo.
>
> ARISTÓTELES

En los seminarios, la gente me pregunta a menudo por qué recomiendo que preparen listas completas de proyectos, sin distinción de prioridades, marcos temporales o tamaños relativos. La distinción que recomiendo es muy simple: los proyectos versus todo lo que se hará *algún día/tal vez*. La primera lista consiste en un inventario completo de todas las cuestiones abiertas que hemos generado y que requieren más de una acción para completarse. La mayoría de las personas tienen entre treinta y cien proyectos de este tipo. La segunda lista consiste en todos esos proyectos que podrías querer realizar en el futuro, pero que no tienes ningún compromiso de efectuar ahora mismo.

Si algo figura en la lista de proyectos, debes decidir las próximas acciones y revisar su estatus regularmente, sin establecer distinciones entre ellos. No pasa nada si no actúas en alguno de ellos, siempre que tengas claro qué es lo que deberías hacer y que no hacerlo sea una decisión consciente. Pero la mayoría de las personas evitan emprender acciones porque no se paran a pensar en cuál debería ser esta acción y pierden incontables oportunidades de sacarla adelante antes de que se convierta en una crisis.

O necesitas un cambio de neumáticos o no lo necesitas. En algún punto, la cuestión de los neumáticos cruza una línea muy clara. Antes no es necesario. Después es necesario. Y en cuanto es necesario, no hay categoría ABC para los neumáticos. Tampoco terminan de encajar en una *matriz de cuadrantes*. O bien es un proyecto que debe realizarse tan pronto como sea posible o no lo es. Punto.

> Mucha gente confunde la mala organización con el destino.
>
> KIN HUBBARD

Es verdad que incluso cuando los proyectos cruzan esta línea, sigue existiendo una gradación entre lo meramente necesario y lo desesperadamente necesario. Pero también lo es que a menudo la gente debe atender a lo desesperadamente necesario porque no lo hizo cuando era meramente necesario. En lugar de una acción pendiente del tipo «Llamar a la tienda de neumáticos para preguntar precios» tenemos una acción pendiente del tipo «Llamar al club del automóvil para reparar un pinchazo».

Clarifica y define todos los resultados que te has comprometido a alcanzar, grandes y pequeños, así como las acciones requeridas para alcanzarlos. Sólo entonces estarás preparado para el auténtico juego de la eficiencia, que consiste en alcanzarlos todos con la máxima rapidez, y sentirte cómodo con la forma en que marchan las cosas en cada uno de ellos.

Los departamentos de servicio al cliente no pretenden darse el lujo de ignorar ninguna petición o cuestión que se les plantee. Si realmente quieres prestarte un servicio a ti mismo, no lo hagas tampoco.

Por cierto...

- ¿Hay algo que hayas decidido ignorar porque no parece muy importante ahora mismo?
- ¿Cuán importante sería si ya estuviera hecho?
- ¿Cómo te sentirías si estuviera hecho?

8

Cerrar temas pendientes libera energía

No importa lo poco importantes que parezcan o lo poco conscientes que seamos de ellos, los compromisos incumplidos consumen un combustible psíquico que luego no está disponible para otros usos. Cuando explicitamos y resolvemos esos asuntos (o reconocemos que ya están bien como están), reaparece una energía previamente inaccesible.

La magia de lo mundano

> Termina cada día y déjalo atrás. Has hecho lo que has podido. Sin duda, hubo unas cuantas meteduras de pata y unos cuantos errores absurdos; olvídalos tan pronto como puedas. Mañana es un nuevo día; comiénzalo bien y con serenidad, y con un espíritu tan elevado que haga que no te sientas coartado por tus despropósitos anteriores.
>
> Ralph Waldo Emerson

Una de las formas más efectivas de lograr una visión dinámica es limpiar tu garaje. Me explicaré. Escribir un gran plan estratégico y dejar un garaje limpio y bien ordenado son actividades muy distintas. Una requiere concentrarse en cuestiones de alto nivel y esforzarse por ver más allá de los condicionantes y los detalles de la realidad cotidiana. La otra requiere un combate cuerpo a cuerpo y a menudo brutal con esos mismos detalles. Y, sin embargo, existe una extraña y maravillosa relación entre ambas.

Puedes tener el mejor plan estratégico del mundo sobre lo que quieres hacer en tu garaje. Pero un sábado cualquiera, cuando finalmente te enfundas los tejanos, te remangas la camisa y te pones manos a la obra, es muy posible que tu plan esté obsoleto antes de una hora. Tu sueño te puso en marcha, pero los frascos de las esencias que has ido destapando al lidiar con algo tan real y tan personalmente creativo harán que se abran ante ti posibilidades nunca antes imaginadas.

Tal vez sea porque sugieran preguntas agradables y creativas acerca de tu vida (¿cuándo tomaste esa fotografía? ¿Recuerdas haber recogido esas piedras?). Tal vez sea el acto intencional mismo de asumir la responsabilidad por algo que has producido y que está ligado a ti. Tal vez sea el aumento natural de energía que experimentas cuando ordenas y clausuras campos de energía viejos y ya agotados. En todo caso, lo que terminarás encontrando tendrá seguramente un aspecto y un sentido muy distintos de lo que imaginabas al principio. Y será mucho mejor.

> La mayoría de las personas dejan escapar las oportunidades porque van vestidas de uniforme y tienen aspecto de trabajadores.
>
> THOMAS EDISON

Por eso mantengo un sano escepticismo cuando la gente quiere conservar el control sobre su trabajo y su vida por la vía de *establecer prioridades*. A menudo eso no es más que un intento de evadir la responsabilidad ante todos aquellos compromisos que han asumido irresponsablemente. Mi consejo es siempre que ordenen el garaje de su trabajo, de su vida y de su cabeza. Las prioridades, la perspectiva y el plan emergen como resultado de esa actividad, y lo hacen con raíces firmes y profundas. Y raramente son tal como la gente pensaba que serían. Lo mundano no es un sustituto para lo sublime. Es sólo un atajo secreto para llegar allí.

Por cierto...

- ¿Has encontrado alguna vez la inspiración a través de una actividad mundana?
- ¿Hay algún asunto pendiente a tu alrededor que requiera un esfuerzo físico por tu parte? ¿Eres capaz de imaginar lo que te espera al otro lado?

9

Si lo tienes en la mente, probablemente no lo estás haciendo

Las cosas no dejan de incordiarte hasta que has clarificado tus intenciones al respecto (resultado), decidido lo que quieres hacer para realizarlas (próxima acción), y situado recordatorios del resultado y de la acción en lugares que estás convencido que verás con la frecuencia suficiente y en los momentos adecuados. Ésos son los comportamientos que asegurarán que hagas las cosas: definir qué significa que esté *hecho*, decidir qué aspecto adoptará dicho *hacer*, e integrar los resultados de esa reflexión en una estructura que promueva su implementación.

ABC de la RAM psíquica

> La mente no es un recipiente que llenar sino un fuego que prender.
>
> PLUTARCO

Hace poco se me acercó un ejecutivo con expresión sorprendida después de una presentación y me dijo:

—Creo que me acaba de cambiar la vida.

—¿Y cómo es eso? —le pregunté.

—Hasta ahora —respondió— estaba orgulloso de la gran cantidad de cosas que podía retener y organizar en mi cabeza, y siempre me esforzaba por aumentar esa capacidad. ¡Ahora me doy cuenta de que probablemente estaba malgastando toda esa energía!

El tiempo dirá.

Hace muchos años decidí que o bien la cabeza es el mejor lugar para guardar las cosas o bien no lo es. ¿Cómo puedes justificar intelectualmente un punto intermedio? Y aunque la mayoría de las personas reconocerían después de un poco de reflexión: «No, probablemente la cabeza no es el mejor lugar para guardar algo de forma fiable», siguen guardando más de la mitad de sus vidas en ella. Una tonelada de *haría*, *podría*, *tendría*, *debería* y *tal vez querría* amontonados en un mismo lugar.

Almacenados simplemente en nuestra mente, todos esos compromisos no hacen más que entrar en infinitos bucles que no permiten ningún progreso y no dejan de producir conflictos y tensiones internas. Cada vez que establezcas un compromiso contigo mismo que no se complete en el momento, tu mente reclamará y empleará una cierta cantidad de energía psíquica hasta que se resuelva. Eso es el karma mental. Tanto «Quiero un poco de leche» como «Debo decidir si compro esta empresa» emplean un cierto espacio en la RAM psíquica.

> La única meta en la vida es ser lo que somos, y convertirnos en lo que somos capaces de convertirnos.
>
> Robert Louis Stevenson

La solución es simple. Escríbelo. Mira lo que has escrito. Haz lo que pone o dite a ti mismo: «Ahora no». Y asegúrate de que volverás a verlo cuando sea importante revaluarlo.

Pon la cuestión en manos de un sistema mejor que tu cabeza, para que tu energía mental pueda entregarse a tareas más elevadas e importantes.

Éste es un hábito muy difícil de cambiar para un adulto. Los mejores de los mejores que han pasado por nuestro proceso de formación, aquellos que realmente han captado de qué va esta metodología, siguen tardando hasta dos años antes de implementar plenamente nuestras prácticas. Cuando comienzan a hacerlo, experimentan de manera inmediata un gran incremento de energía y control. Pero llegar al punto en el que la única cosa que tienen realmente en la mente, aparte de lo que están haciendo en aquel momento, sea el último par de horas aún no procesadas de su vida: ése ya es un nivel significativamente distinto en la aplicación del método.

En cambio, los niños asimilan la idea muy deprisa. Y me parece vislumbrar que dentro de veinticinco años todos los chavales de 12 años del planeta dirán: «¿Por qué guardabas tus preocupaciones en la mente? ¡Qué costumbre más anticuada y estúpida!». Estos niños estarán usando su energía para fines mejores. Ayudémosles a que llegue ese momento.

Por cierto...

- ¿Qué temas pendientes te has *sacado* realmente de tu cabeza? ¿Cómo lo conseguiste?
- ¿Qué sigues guardando en la mente que tiene en ella su cuello de botella?
- ¿En qué otras cosas te gustaría dejar de pensar?

10

La creatividad aparece cuando se le deja espacio

El universo aborrece el vacío: una corriente eléctrica no fluirá por una vía bloqueada. Cuando hay demasiadas distracciones y acuerdos desatendidos en el espacio mental, el flujo es limitado. Si quieres atraer y promover un pensamiento nuevo y productivo, debes limpiar primero las tuberías, y verás cómo surge casi por sí solo.

¿Esto es todo lo que hay?

> Nuestras mayores pretensiones no tratan de esconder lo que hay de malo y feo en nosotros, sino nuestro vacío. Lo más difícil de esconder es lo que no está ahí.
>
> Eric Hoffer

Llevo años predicando el valor de sacar todo lo que llevamos en la mente. Y siempre me ha sorprendido que incluso los clientes y los oyentes más entusiastas tienen a menudo grandes problemas para adoptar este hábito. Decenas de miles de personas han comprendido y convenido intelectualmente conmigo acerca de la naturaleza de la RAM psíquica: que posee un espacio limitado, que es una oficina desastrosa, que las cosas almacenadas allí serán invariablemente sobre o infrautilizadas. Luego: ¿de dónde sale tanta resistencia a implementar este principio hasta sus últimas consecuencias?

El problema es que entran en juego aquí razones más profundas, que suponen desafíos importantes para nuestras zonas de confort y para la dinámica de nuestra autoimagen. Por ejemplo, existe el miedo a que, si pudiéramos contemplar todas nuestras creaciones juntas, tal vez nos parecieran pocas. ¿Qué ocurre si eso es todo lo que hay, lo mejor que soy capaz de hacer, y no es lo que yo pensaba que debía ser? La mayoría de las personas reconocerán ahí una inquietud profunda y permanente, si se examinan a sí mismas con la suficiente profundidad. Y lo último que querríamos hacer en el mundo es afrontar efectivamente esa posibilidad.

> Para llegar a lo que no conoces
> debes seguir el camino de la ignorancia.
>
> T. S. Eliot

Quedarnos las cosas en la mente —sin explicitar, sin clarificar y sin procesar— produce un estrés innecesario. Pero mientras las dejemos ahí podemos seguir creyendo que ocultamos en nuestro cerebro pensamientos de gran mérito e importancia potencial. Si anotamos todo lo que tenemos que hacer, junto con todos nuestros pensamientos constructivos al respecto, tal vez veamos los límites de nuestras capacidades. Si mantenemos la confusión y el amorfismo, podemos seguir pretendiendo que podríamos ser inteligentes, poderosos y efectivos de forma orientada, sin tener que demostrarlo nunca. «Oh, sin duda podría dar muchas más *muestras* de magnificencia, creatividad, brillantez y dinamismo, pero mi situación actual me carga con tantas responsabilidades que simplemente no puedo demostrarlo ahora mismo.» ¡Qué trucos tan astutos podemos emplear con nosotros mismos!

> Sé que no tienes nada. Por eso te lo pido todo. Para que lo tengas todo.
>
> ANTONIO PORCHIA

Un principio central en nuestra metodología de productividad personal se opone frontalmente a esta idea: escríbelo *todo*, piénsalo *todo*, decide lo que hay que hacer acerca de *todo*, y organízalo *todo* de acuerdo con un sistema externo sometido a revisión sistemática. El factor *todo* puede ser tremendamente revelador.

La maravillosa sorpresa es que todo el mundo que se atreve a hacerlo —todo el mundo que realmente lo saca todo— vive una experiencia que está muy lejos de ser intimidante. Es de hecho liberadora. Produce un alivio indudable de la tensión y un aumento de la autoestima, pues esas personas operan ahora desde la *fuente* de su creatividad, no desde su efecto.

Uno de los mayores desafíos a los que debemos hacer frente en algún momento de nuestra vida es que la noción que tenemos de nuestra propia valía no puede basarse únicamente en el inventario de lo que hemos creado. Debemos saber que, si todo lo que hemos hecho fuera a desaparecer en este preciso instante, seguiríamos siendo valiosos y podríamos volver a crear desde cero lo que necesitamos o queremos. Necesitamos saber que por más completos que nos creamos, Dios no habrá terminado con nosotros hasta que lo haya hecho.

Por cierto...

- ¿Habrías imaginado hace dos décadas todo lo que has experimentado y realizado desde entonces?
- ¿Piensas que te esperan menos éxitos que en el pasado?
- ¿Estás listo para algo más importante?

11

Cuanto más profundo es el canal, mayor es el flujo

Limpiar y racionalizar todos los sistemas de la vida y del trabajo aumenta la capacidad para asumir una mayor implicación en el mundo, y en consecuencia activa fuerzas invisibles para llenar los canales abiertos. Esta mayor capacidad parece liberar una fuerza de atracción que se extiende por el conjunto del organismo o de la empresa. Invita a la participación del mundo a un nivel más profundo y creativo. A la inversa, las cuestiones irresueltas y los sistemas vulnerables tenderán a protegerse bloqueando de forma automática e inconsciente los nuevos *inputs*.

¿Estás preparado para más?

> La llave del éxito, más que ninguna otra cosa, es estar preparado.
>
> Henry Ford

Recientemente subimos algunos precios para no perder a los clientes. Me explicaré. Un día descubrí una sutil señal de peligro en mi interior: había un leve sentimiento de *oh, vaya* dentro de mí cada vez que un cliente importante nos pedía que hiciéramos más cantidad de cierto tipo de trabajo. Era algo casi imperceptible, pero estaba ahí: no quería que sonara el teléfono. Después de muchos años de observar esta dinámica, sabía que si permitía que ese sentimiento persistiera, el teléfono dejaría en efecto de sonar. El cliente se iría. Así de poderoso soy, e igual de poderoso eres tú.

Me enfrenté a ese sentimiento y descubrí cuál era la raíz del problema: nos pagaban demasiado poco por la cantidad de tiempo y dedicación que debíamos emplear para realizar el trabajo de calidad que hacíamos. Tuve que preguntarme a mí mismo: «¿Qué debo hacer para que sienta una excitación positiva cada vez que suene el teléfono?». La respuesta era sencilla: subir el precio. Entonces me podía volver a sentir bien dedicando el tiempo y la energía a cada cliente: de hecho, cuanto más tiempo, mejor.

Tal vez esto te parezca evidente, pero no lo era para mí antes de hacerlo. Nuestros estándares de calidad internos nos exigen dar más de lo que se espera de nosotros, y el precio siempre ha sido un asunto delicado. Pero a veces uno debe salir de su zona de confort si quiere mantener la motivación necesaria para realizar un trabajo excelente a largo plazo.

> Si conservo un brote verde en mi corazón, el pájaro cantor vendrá a mí.
>
> Proverbio chino

Detrás de esto hay un principio fundamental. Todos nosotros, a nivel tanto personal como empresarial, tendemos a negarnos inconscientemente la posibilidad de conseguir cosas nuevas y mejores, porque tenemos miedo de no estar a la altura. La mayoría de nosotros pensamos que queremos *más* de muchas cosas: más dinero, más clientes, más responsabilidad, más diversión, más tiempo. ¿Pero lo queremos realmente? He aprendido que lo que quiero conscientemente es sólo una parte de lo que dirige mis energías creativas. Muchas veces me ha ocurrido que otras fuerzas han pasado por delante de lo que yo creía que eran mis deseos. Muchas oportunidades se han cruzado en mi camino —oportunidades de tener más dinero, más clientes, más responsabilidad, más diversión y más realización personal—, pero como alguna parte de mí no estaba realmente preparada para asumirlas (o para asumir sus consecuencias) no supe reconocerlas en el momento; e incluso si las reconocí, encontré formas sutiles de rechazarlas.

Hace años, uno de mis mentores —una persona que había tratado con varias organizaciones de salud— me dijo que cuando la oficina de recepción de una clínica hacía limpieza del papeleo y las reclamaciones pendientes, el volumen de pacientes experimentaba invariablemente un aumento importante. Su explicación era que mientras el personal de recepción viera la llegada de nuevos clientes como una fuente de estrés (debido a la saturación de los sistemas), lo que haría sería rechazarlos inconscientemente. Muchas organizaciones exhortan a sus empleados a pensar en el cliente y a dar *un paso más* para conseguir una ventaja competitiva en términos de servicio extraordinario capaz de atraer más volumen de negocio. Pero estas organizaciones no siempre se preocupan de mejorar su capacidad de responder a este volumen aumentado de trabajo. Eso es algo que todo el mundo percibe a un nivel u otro, y si el estrés acumulado en su entorno ha llegado ya al máximo (como ocurre la mayoría de las veces), ese paso más o esa sonrisa más no aparecerá en el momento más necesario. Cuando las personas que están en primera línea se sienten superadas, ¡prepárate para perder clientes y oportunidades! Cuando un teléfono que suena crea estrés a nivel físico, por más que las palabras sean «¿En qué puedo ayudarle?», el mensaje subyacente será «¡Déjeme en paz! No tengo tiempo para usted». Y éste no es precisamente la clase de mensaje que se quiere enviar a las personas que en último término pagan el alquiler y el sueldo.

> Hay millones de personas esperando la inmortalidad que no saben qué hacer consigo mismas una tarde lluviosa de domingo.
>
> SUSAN ERTZ

En tus conversaciones con personas clave para tu vida y tu trabajo, ¿te sientes libre para desarrollar ideas nuevas que puedan prestarles más y mejor servicio? Si no es así, ¿por qué no? ¿Podría ser que tuvieras miedo de no estar a la altura? ¿Te parece bien?

¿Estás esperando una expansión en todas las áreas de tu trabajo y de tu vida, o una contracción? El poder de tus intenciones personales es ilimitado, tanto en el sentido positivo como en el negativo. ¿Estás realmente entusiasmado esperando a que suene el teléfono o a que alguien llame a tu puerta? ¿De qué otro modo van a presentarse las oportunidades de crecer, de expresar más y tener más? Si quieres conseguir más de esas *golosinas* de la vida, te sugiero que asumas el riesgo. Haz lo que debas para volver a estar ansioso esperando a que suene el timbre.

Por cierto...

- Trata de rememorar la época en que se presentaban nuevas oportunidades ante ti. ¿Qué habías hecho en los meses previos que te preparó para ellas?
- ¿Qué sistema podría estar saturado, en los ámbitos personal o empresarial, de modo que te impidiera hacer más cosas?

12

Preocuparse es una pérdida de tiempo

Analizar las situaciones y madurar las percepciones lleva tiempo y energía, pero es una forma productiva de pensamiento. No pensar en lo que realmente deberías estar pensando —preocuparse sin realmente pensar en el asunto— es una pérdida de tiempo y de energía.

Dejar de pensar en pensar

> No hay ningún expediente al que no recurra una persona para ahorrarse el trabajo de pensar.
>
> Thomas Edison

¡Ah, qué deliciosa experiencia es no pensar! Los atletas en su zona, los fieles en comunión con el espíritu, los lectores y los espectadores de cine atrapados en la historia, los jardineros podando sus árboles, los amantes hablando por la noche: esa felicidad que da la ausencia de tiempo, la ausencia de estrés, la ausencia de... pensamiento. Pero uno puede estar igualmente presente sin dejar de pensar, como, por ejemplo, cuando juega al ajedrez, o cuando desarrolla ideas para un proyecto, o cuando negocia un trato, o cuando escribe un texto. Para alcanzar el estado productivo en el que desaparece el tiempo, no es necesario dejar de pensar. La cuestión es, más bien, dejar de pensar en pensar. ¿Pero cómo se consigue ese estado?

> ¿Cómo puedo saber lo que pienso, hasta que no oigo lo que digo?
>
> E. M. Forster

El enfoque más productivo consiste en pensar tan poco como puedas permitirte, pero tanto como necesites hacerlo. ¿Cómo podrías permitirte dejar de pensar durante el día de hoy? Es probable que varias veces durante el día debas examinar todas las acciones requeridas para cumplir los objetivos que te has marcado. Lo habitual es que al menos una vez por semana debas realizar una revisión exhaustiva de todos tus proyectos y acciones pendientes. Cada uno o dos meses, es probable que debas pasar revista a la lista de todas las áreas de responsabilidad en tu vida y en tu trabajo, para asegurarte de que todo está en orden. Una vez al año, es una buena idea anticipar los siguientes doce o dieciocho meses y formular adónde querrías llegar. Y cada unos cuantos años, es muy probable que debas repensar (junto con las personas que te rodean) tu manera de enfocar las cosas y tu estilo de vida.

> La civilización progresa sobre la base de ampliar el número de operaciones importantes que podemos realizar sin pensar en ellas. Las operaciones de pensamiento son como las cargas de caballería en una batalla: son operaciones estrictamente limitadas en número, requieren caballos frescos y sólo deben realizarse en los momentos decisivos.
>
> Alfred North Whitehead

El Gran Pensamiento consiste en pensar acerca del sentido de tu presencia en este planeta. Si realmente consigues encontrar una respuesta para eso, tal vez baste con que lo hagas una vez en tu vida, aunque es probable que quieras revisar tu respuesta con cierta regularidad para ejercitar la memoria.

Sólo lograrás estar en modo productivo cuando te hayas impuesto revisiones regulares a todos estos niveles, junto con los hábitos y los compromisos pertinentes para revisitarlos en los intervalos apropiados. Cuando estás seguro de que vas a cumplir de forma consistente con alguna forma de revisión semanal, puedes permitirte el lujo de no tener que pensar en todo eso el resto de la semana. Durante siete días te conviertes en un tipo bobo y feliz, instalado en el modo productivo. ¿Por qué? Porque ya has logrado todo lo que necesitas en términos de claridad de perspectiva y de inventario de tus compromisos.

> Cualquiera que espere a que se le ocurra una buena idea, se pasará un buen rato esperando. Cuando tengo una fecha límite para entregar una columna o un guion de televisión, me siento ante la máquina de escribir y decido tener una idea.
>
> Andy Rooney

Si realmente tienes el hábito de realizar esta revisión semanal, podrás confiar en que volverás a pensarlo todo y en que no te estás dejando nada realmente importante. Si no haces la revisión semanal, siempre te inquietará la sensación de que deberías estar pensando en algo. Eso te robará tiempo y energía mental. Si tienes dificultades para meterte en tu zona o para alcanzar el estado de la mente como el agua, pregúntate a qué nivel deberías dedicar un poco de pensamiento enfocado y mata el asunto. Termina el ejercicio. Y luego ya puedes entrar: el agua está deliciosa.

Por cierto...

- ¿Cuándo te sientes más en tu zona? ¿Cómo consigues llegar allí?
- ¿Sobre qué proyecto sabes que deberías pensar más? ¿Cuál es la siguiente acción necesaria para que eso ocurra?

13

Tú no eres tu trabajo

Las cosas no reconocidas, no clarificadas y, por tanto, no gestionadas que has resuelto hacer poseen una parte de ti y no te dan descanso. Hacer explícitos tus temas pendientes te da poder sobre ellos. La vía más productiva para hacer tu trabajo es ser su dueño, no su esclavo.

El gran secreto de mis listas

> Sé regular y ordenado en tu vida para que puedas ser apasionado y original en tu trabajo.
>
> Gustave Flaubert

Como es probable que ya sepas a estas alturas, tengo unas cuantas listas hechas y unas cuantas cosas anotadas en ellas. Ha llegado el momento de que comparta contigo un secreto importante acerca de mis listas: ¡algunos de mis mejores proyectos no han estado nunca anotados en ellas!

¿Cómo? ¿No se supone que las listas son la forma de Ser Productivo? ¿Te he estado tomando el pelo todo este tiempo? ¿Te he engañado para que pienses que sacarte las cosas de la mente, procesarlas en forma de resultados y acciones, y clasificar todo eso en categorías objetivas que permitan llevar a cabo una revisión consistente es *la* forma de hacer todo lo que quieres hacer?

Tal vez parezca que eso es lo que he estado predicando. Ciertamente, esas prácticas ayudan a hacer *muchas* cosas: definir lo que hay que hacer y lo que se ha hecho y registrar los resultados en lugares fiables para motivar las acciones resulta muy útil para desbloquear los proyectos. Pero muchas personas pierden de vista la razón de que hagamos todas esas cosas. No se hacen listas de acciones y proyectos para hacerlos todos y no hacer nada más en tu vida. Procesas las cosas que tienes pendientes para poder hacer luego lo que realmente te venga en gana. Y hacerlo de verdad, dedicándole el cien por cien de tu atención y de tu energía creativa, con total abandono.

> Controlar la atención significa controlar la experiencia y, por tanto, la calidad de vida.
>
> MIHALY CSIKSZENTMIHALYI

Me he pasado toda la mañana podando un gran pino de mi jardín. Lo he pasado genial. Los tarros de mis esencias creativas se han abierto, y mi sentido estético captaba al momento las formas y las relaciones espaciales idóneas para esa parte de nuestro jardín. Pero no era nada que tuviera en una lista. Esta mañana simplemente me pareció lo mejor que podía hacer.

> Cuando tengas hambre, come tu arroz; cuando estés cansado, cierra los ojos. Tal vez los tontos se rían de mí, pero los hombres sabios entienden a qué me refiero.
>
> LIN-CHI

Si no tuviera todas mis listas, y si no las hubiera estado revisando los últimos días, no habría podido confiar en que mi inventario de *trabajo definido* estaba completo y actualizado a esta mañana. Y en que todo eso podía esperar. Sin ese proceso consciente de renegociación con uno mismo, siempre me quedaría una leve dosis de ansiedad por la posibilidad de que alguna tarea pendiente siguiera oculta y dispuesta a saltar sobre mí en cualquier momento. ¿Y cuál es el mejor alivio (provisional) y la mejor protección (falsa) contra las tareas imprevistas y antipáticas? Mantenerse *ocupado*.

Si no fuera por todas mis listas, probablemente habría podado igualmente mi pino esta mañana. Pero lo habría hecho por las razones equivocadas.

Por cierto...

- ¿Cuáles son algunas de las cosas más creativas, divertidas y productivas que has hecho que no estuvieran planeadas ni anotadas en ninguna lista?
- ¿Cuán valioso sería diseñar un método para que hubiera más cosas de este tipo en tu vida?

Segunda parte

ENFOCA TU ATENCIÓN DE FORMA PRODUCTIVA

o

¿Cuál es la utilidad de un punto de vista?

El mayor poder que podemos obtener para influir así sobre nuestro mundo está siempre a nuestra disposición: se trata de nuestra capacidad de cambiar nuestra forma de ver las cosas. Hacer que algo ocurra más deprisa, antes y mejor raramente requiere un aumento del esfuerzo físico por nuestra parte; es muy probable que requiera más bien un cambio de perspectiva. A menudo hay que enfocar la mirada en el centro de atención para acceder así al siguiente nivel de rendimiento.

14

Para más claridad, mira desde más arriba

Siempre que tu pensamiento se vuelva confuso, ambiguo o descentrado, es preciso que apartes tu atención del nivel donde la tienes centrada y la lleves a otro plano. Si estás agobiado de trabajo (acción) y no lo ves claro, detente un momento y revisa tus planes. Si estás planificando algo (organización) y no lo ves claro, busca una pizarra o una hoja de papel en blanco y vuelca tu mente para ver si encuentras las ideas y la información que te faltan. Si estás tratando de salirte del camino trillado (*brainstorm*) y no lo ves claro, da un paso atrás y trata de especificar un poco más la imagen que tienes de aquello en que consistiría el éxito en esta tarea. Si la imagen que tienes de ello (visión) es demasiado borrosa, vuelve a examinar tu meta (por qué lo estás haciendo). La claridad no se encuentra nunca en algo confuso. Debes dejar de pensar en lo que estabas pensando y elevar tu punto de vista.

El juego del momento

Cuando las cosas se complican es fácil caer en actitudes negativas: «¡Oh no! ¡Las cosas se complican!». Nos lamentamos por nuestro destino y cedemos de forma complaciente al desengaño. Pero, en realidad, estas situaciones son ocasiones perfectas para reevaluar lo que estamos haciendo y profundizar en nuestras ideas y objetivos. Los tiempos difíciles pueden ser buenos tiempos si sabemos a qué juego estamos jugando y decidimos cuál va a ser nuestra próxima jugada.

> El trabajo de vivir consiste en salir adelante.
>
> SAMUEL JOHNSON

A veces surgen circunstancias negativas y totalmente ajenas a nuestro control (un mercado a la baja, acciones dañinas de otras personas y demás *accidentes* de la vida) que nos cogen seriamente desprevenidos. ¿Has tenido alguna vez la sensación de que te acabas de despertar en medio un campo de fútbol y de que un equipo entero de jugadores más altos, más malos, más feos y más rápidos que tú te acaba de pasar por encima, sin que tengas la menor idea de lo que estás haciendo allí? Te encuentras magullado, ensangrentado y embarrado... ¡y no parece que las cosas vayan a mejorar!

> La mayor arma contra el estrés es nuestra capacidad de elegir un pensamiento en lugar de otro.
>
> WILLIAM JAMES

> Comenzamos a entender la salud no como la ausencia de enfermedad, sino más bien como el proceso por el cual los individuos mantienen su sentido de la coherencia (la noción de que la vida es comprensible, manejable y valiosa) y su capacidad para funcionar a pesar de los cambios que se producen en ellos mismos y en sus relaciones con su entorno.
>
> AARÓN ANTONOVSKY

¿Qué debes hacer para recuperar el control? En primer lugar, debes aceptar cuál es el juego ahora y debes establecer cuál es tu objetivo. En cuanto ves tu meta y te identificas con alcanzarla, rápidamente pierdes interés en lo magullado, ensangrentado o embarrado que puedas estar. ¡Ya estás otra vez en el partido! Pero aunque sepas hacia dónde vas, te seguirás sintiendo paralizado y a merced de fuerzas más poderosas que tú hasta que hagas una cosa: determinar el siguiente paso. ¿A la izquierda o a la derecha? ¿La paso o corro? En aquel momento lo más importante es la próxima acción. Así que para conseguir una claridad y una implicación total y positiva en lo que estás haciendo, debes 1) saber cuál es la meta o el resultado que pretendes alcanzar y 2) decidir cuál va es la acción que te va a hacer avanzar en esa dirección y realizarla.

> Es posible mantenerse de pie en la corriente de un río, pero no en el mundo de los hombres.
>
> PROVERBIO JAPONÉS

Acabas de perder tu trabajo. ¿Qué es lo que querrías que ocurriera ahora mismo en tu carrera, y qué primeros pasos vas a dar para conseguir que suceda? Acabas de tener un grave problema de salud. ¿Cómo quieres sentirte acerca de tu situación, y qué acciones te acercarán a esa realidad? Al ver que el mundo ha cambiado a tu alrededor en algún sentido, ¿qué significaría *ahora mismo* el éxito para ti, y qué actividad puede ponerte en marcha *ahora mismo* en esa dirección? Es muy fácil caer en la trampa de pensar que el juego no debería haber cambiado y que las viejas reglas deberían seguir en pie: «Apenas me estaba acostumbrando al juego de antes, ¿quién diablos ha cambiado el tablero de juego?». El éxito en la vida tal vez tenga más que ver con la rapidez con la que aceptas y te pones a jugar al nuevo juego que con lo bueno que hubieras llegado a ser en cualquiera de los anteriores.

> Ponerte delante de un toro cuando no tienes miedo no es nada. Y no hacerlo cuando tienes miedo no es nada tampoco. Pero ponerte delante de un toro cuando tienes miedo: eso sí que es algo.
>
> AUTOR DESCONOCIDO

Lo que ocurre en tu mundo no es bueno ni malo. El mundo es simplemente lo que es. La gran diferencia es tu forma de relacionarte con él. Como te dirá cualquier piloto de carreras, lo más peligroso es dejar que el coche siga su inercia. Debes mantenerte sobre los pedales. Debes estar metido en el juego en el que estás compitiendo.

Por cierto...

- ¿A qué proyecto actual le iría bien un poco de reajuste mental ahora mismo?
- ¿Cuándo fue la última vez que te tomaste un descanso ejecutivo? ¿Ha llegado la hora de tomarse otro?
- ¿Qué clase de lugar y de actividad te hace pensar automáticamente desde un punto más elevado?
- ¿En qué nuevo juego te encuentras inmerso? ¿Cuál es tu siguiente jugada?

15

No verás el modo de hacerlo hasta que te veas haciéndolo

El mecanismo de reconocimiento de pautas de tu cerebro se activa a partir de las imágenes con las que te identificas y de tus centros de interés. Primero ves el resultado, y luego inconscientemente te vuelves consciente de la información. Ya se trate del modo de atrapar una pelota, de crear una empresa o de cuidar de tus padres, lo primero es la visión. Si no eres capaz de verte a ti mismo haciendo o teniendo algo hasta que ves el modo de hacerlo, nunca identificarás los métodos para lograrlo, aunque los tengas delante. Fíjate en cómo te fijas en las cosas, y en el modo de lograr que eso ocurra.

Empezar de cero otra vez

> Uno termina siendo tal como su mente quiere que sea.
>
> Los Upanishads

Nunca deja de sorprenderme la frecuencia con la que olvido nuestra asombrosa capacidad para crear todo lo que queramos a partir de nuestras visiones. Pensar en los resultados y estar dispuesto a visualizar la posibilidad de que algo ocurra antes de que esté físicamente presente es una habilidad clave que probablemente todos somos capaces de desarrollar mucho más.

Acabo de consultar un mapa mental que preparé hace diez años. Trata acerca de cómo quería que fuera mi vida si realmente pudiera tener la vida que quisiera. Me encerré en mi apartamento con una caja de lápices de colores y me tomé un par de horas para llenar la página entera, haciendo pequeños dibujos y añadiendo colores y frases a mi capricho. Era una visión grandiosa: incluía la clase de trabajo que quería hacer, la libertad y los recursos de los que quería disponer, los éxitos que quería alcanzar y la vida interior que quería tener.

> No ocurre nada si no hay un sueño primero.
>
> Carl Sandburg

No puedo decir que todo haya ocurrido realmente, pero al consultar aquel dibujo y luego mirar mi vida actual me daba cuenta de hasta qué punto aquellas imágenes habían inspirado y alimentado durante años mis decisiones más importantes. Algunas de las imágenes no se corresponden demasiado con mis logros. Nunca he conseguido realmente tocar una melodía de *jazz* con la flauta a gran nivel, como pretendía en mi dibujo (aunque conseguí tocar bastante bien algunas piezas clásicas). Y sin duda no he cumplido con la imagen que dibujé del planeta envuelto en energía salida del corazón y que conectaba todos los pueblos y comunidades del mundo (aunque actualmente vivo en una de estos pueblos y he contribuido a que muchas personas y muchas empresas hagan un gran trabajo para mejorar el mundo). Sin embargo, buena parte del pequeño mural corresponde bastante a lo que ha ocurrido. Por ejemplo, la idea de comunicar información potencialmente valiosa a escala global, y poder hacerlo en cualquier momento y en cualquier lugar a través de medios tecnológicos. Eso lo dibujé antes de saber lo que eran las newsletters por correo electrónico o de saber que yo las usaría.

> Tu mecanismo automático de creación es teleológico. Eso significa que opera en términos de metas y de resultados finales. En cuanto le das una meta definida, puedes confiar en que su guía automática te acercará mucho más a esa meta de lo que habrías podido conseguir por medios conscientes. La forma de encontrar la meta es pensar en términos de resultados finales. Tu mecanismo automático aporta entonces los medios necesarios.
>
> Maxwell Maltz

Una cosa que me interesaba era comprobar todo lo que *no estaba* en el mapa mental: mi maravillosa esposa Kathryn y la magnífica casa que tenemos hoy. Francamente, en aquel momento no estaba buscando matrimonio ni tampoco una casa en el campo. Pero todo eso *era* un deseo muy profundo para mí y una visión que había alimentado en mi juventud (algunas de estas cosas tardan un poco en llegar, según he descubierto).

> Si limitas tus elecciones a lo que parece posible o razonable, te desconectas de aquello que realmente quieres y te quedas con una mera transacción.
>
> Robert Fritz

Mis visiones eran puras fantasías cuando las dibujé. Pero me permití a mí mismo esbozarlas, y los espacios en blanco se han ido llenando mágicamente con los años. No es que no haya habido momentos difíciles —todos pagamos las deudas que contraemos, de un modo u otro—, ¡pero es bueno haber creado por mí mismo una parte del club del que me gustaría ser socio!

Y me siento agradecido cuando recuerdo que eso es algo que siempre puedo volver a hacer.

Por cierto...

- ¿Hay algo que te haya estado llamando mucho la atención últimamente? ¿Qué centro de atención interno podría estar provocándolo?
- ¿Qué cosas eres incapaz de verte a ti mismo haciéndolas, teniendo o siendo hasta que alguien te muestra la forma de conseguirlo? ¿Cómo podrías proyectar la imagen deseada ahora?

16

Trabajar lo suficiente es imposible

Nunca te cansas de conseguir más cosas de las que necesitas realmente. Aunque este profundo axioma de crecimiento personal se refiere habitualmente a cosas como *aprobación de los demás* (la única aprobación que en realidad necesitas es la tuya), es igualmente aplicable a la productividad. Muchas personas lo intentan, pero nunca consiguen trabajar lo suficiente porque lo que necesitan de verdad no es trabajar duro. Lo que necesitan es simplemente *hacer*, de forma atenta e implicada, sin inquietudes ni preocupaciones. ¿Acaso no has notado que trabajar duro en la tarea adecuada no es realmente ningún esfuerzo?

¿Cuándo se acaban las horas extra?

> Si se mueve, salúdalo. Si no se mueve, cógelo. Si no puedes cogerlo, píntalo.
>
> Ejército de Estados Unidos

Hace poco, mientras formaba a un ejecutivo de éxito, descubrí otra versión sutil pero muy real de la *trampa de estar ocupado*. Ya conocéis el síndrome: mientras pueda hacer *algo* que parezca una ocupación efectiva, no tengo que enfrentarme a la angustia de todas las demás cosas que probablemente debería estar haciendo.

Este ejecutivo tenía todavía una docena de correos electrónicos pendientes en su buzón de entrada, después de haber procesado cientos de ellos la noche anterior. Pero ya había creado una categoría aparte de correos electrónicos relevantes (aquellos que requerían más de dos minutos para dar una respuesta). Yo quería que dejara de usar el buzón de entrada como si fuera una papelera y que probara la sensación de tenerla totalmente vacía, de modo que le insté a sacar esos últimos correos del buzón de entrada y a ponerlos en el lugar donde había guardado los otros.

> No basta con estar ocupado... La cuestión es: ¿con qué estás ocupado?
>
> HENRY DAVID THOREAU

> Si no sabes lo que estás haciendo, no sabes cuándo parar de hacerlo.
>
> AUTOR DESCONOCIDO

Cuando lo hizo, la luz se hizo para él de forma más que visible: «¡Uau! ¡Ahora tengo el inventario total de mi trabajo en un mismo lugar! Y me doy cuenta de que habría perdido tiempo con esos correos electrónicos antes de hacer cualquier otra cosa, porque eso habría sido la opción más fácil. Ahora puedo evaluarlos inmediatamente en relación con todo lo demás que tengo pendiente. No están perdidos, pero los he puesto en la perspectiva adecuada. Me he estado dejando absorber por el trabajo pendiente, en lugar de sentirme mejor tomando mejores elecciones».

Todos tendemos a recuperar los elementos almacenados en nuestra mente a partir del criterio de lo más reciente en el tiempo y lo más intenso (emocionalmente), lo cual difícilmente puede considerarse el sistema más eficiente de recuperación de datos. Del mismo modo, si tu sistema de recordatorios de acción es desordenado (*post-its* en la pantalla, papelitos sobre el escritorio, notas sobre tu silla), tu energía de trabajo quedará atrapada en la cosa más fácil que encuentre a su paso. Pero la proximidad a la cara no es el mejor criterio para tomar decisiones acerca de qué hacer en cada momento.

> Si te encuentras en un agujero, lo primero que debes hacer es dejar de cavar.
>
> WILL ROGERS

Resulta más efectivo hacer limpieza de nuestra RAM psíquica, situar todo nuestro inventario de trabajo pendiente en un único lugar y adoptar mejores decisiones acerca de qué realizar a continuación: ¡cuando realmente puedes escoger el trabajo que quieres hacer, resulta mucho más fácil escoger no trabajar!

Por cierto...

- ¿Qué estás haciendo actualmente que interpretes como *trabajo duro*? ¿Parece más duro cuando lo estás haciendo o cuando *no* lo estás haciendo?
- ¿Has trabajado duro alguna vez pero sin inquietarte por ello? ¿Qué podrías aprender de ti mismo para obtener esa experiencia a voluntad?

17

La energía sigue al pensamiento

Centrar tu mente en algo activa tanto el sujeto como el objeto de tu pensamiento. El cuerpo comienza a responder neurológicamente como si ese pensamiento fuera verdadero, y las ideas comienzan a tener su propia vida. Los pensamientos ocurren mucho más fácilmente la segunda que la primera vez. Tener meramente un pensamiento es una cosa. Alimentarlo conscientemente es otra muy distinta. La atención y la intención te ponen un enorme poder en las manos. La cuestión es: ¿hacia dónde estás dirigiendo todo ese poder?

¿Qué es lo que estás poniendo ante tu puerta?

> Busca primero lo que hay de bueno en la mente, y lo demás o bien saldrá solo o bien su falta no se notará.
>
> Francis Bacon

Cuando se trata de centrar la atención, necesito toda la ayuda que pueda conseguir. Quiero mejorar, crecer y conseguir resultados, pero carezco de la disciplina mental de un yogui y de la brillante concentración de un sabio. Lo confieso: soy perezoso y me distraigo con cualquier cosa vistosa que pase por mi círculo de atención.

> Domina tu mente o ella te dominará a ti.
>
> HORACIO

En lo más profundo de mí sé que para conseguir las cosas que realmente quiero conseguir, es preciso que me concentre en ellas. La única razón de que todavía no las tenga es que me he centrado más en cosas distintas de las que ahora pienso que quiero. Pero no es fácil cambiar el centro de atención hacia otra cosa y mantenerlo fijo en ella. Por alguna razón, cuando quiero mejorar o cambiar las cosas o lograr que ocurra algo, a menudo parece como si me introdujera en una espesura por la que cuesta avanzar. Estoy abriendo un nuevo camino, y está lleno de zarzas y matorrales. Es mucho más fácil seguir pensando como antes que centrar la atención consistentemente en una nueva dirección, por más que a nivel consciente sepa que es *mejor*.

> Hemos luchado tanto contra las pequeñeces que nos hemos vuelto pequeños nosotros también.
>
> EUGENE O'NEILL

De modo que tengo mis trucos. Todos ellos se basan en una táctica básica para mejorar la productividad: poner cosas frente a la puerta. ¿Te has fijado alguna vez que *siempre* tienes que llevarte alguna cosa contigo al trabajo por la mañana (y que tu puesto de trabajo está en peligro si te la dejas)? ¿Dónde la pusiste la noche pasada? Justo delante de la puerta de entrada. (¿Fue por esa clase de cosas por las que te dieron el título en la universidad?) Pero realmente es una estrategia brillante. Eres lo bastante listo y estabas lo bastante despierto la noche anterior como para saber que por la mañana apenas tendrías noción de las cosas: «¿Qué es *esto*? ¡Ah sí, tengo que llevarlo conmigo!».

> Hazte consciente de las experiencias internas, subjetivas e infraverbales, para poder llevar todas esas experiencias al mundo de la abstracción, de la conversación, de la conceptualización, etc., y el resultado será que inmediatamente podrás ejercer cierto grado de control sobre todos esos procesos hasta entonces inconscientes e incontrolables.
>
> ABRAHAM MASLOW

Mis trucos funcionan del mismo modo. La puerta que debo utilizar es la de mi mente, no la de mi casa, pero la idea es la misma. Si puedo poner frente a mi conciencia alguna cosa en la que sepa que es bueno pensar y centrar la atención, es muy probable que surjan pensamientos constructivos. Todos mis proyectos, mis afirmaciones personales, mis metas a largo plazo, un pensamiento crucial que capté en una carta durante un retiro espiritual: todo eso lo tengo por escrito porque nada de eso funciona en piloto automático, nada está siempre en el lugar idóneo y oportuno para ayudarme en mi vida operativa. Y sé que probablemente *se harán realidad* en algún momento, porque sé que la focalización y la intuición tienen sus formas de activar inconscientemente nuevas percepciones y nuevos comportamientos. Sólo tengo que ponérmelos frente a los ojos con suficiente regularidad. De modo que he buscado la manera de conseguir que eso ocurra de la forma más automática posible.

Porque soy perezoso, no tan listo, y a pesar de ello sigo queriendo lo mejor.

Por cierto...

- ¿Qué trucos empleas para ser más productivo?
- ¿Qué te resultaría útil poner más frecuentemente frente a tu mente? ¿Dónde lo pondrías?
- Imagina algo de lo que quieras tener más hoy. Ten ese pensamiento tantas veces como puedas durante la próxima hora.

18

Cuanto más clara esté tu meta, más medios tendrás para alcanzarla

He aquí una paradoja fascinante del mundo material: cuanto más específica sea tu visión o intención, más expansiva será tu capacidad creativa. Cuanto más sepas por qué haces lo que haces, más libre serás para explorar toda clase de formas de llegar allí. Cuanto más claro tengas por qué estás montando una fiesta para el personal de la oficina, por qué necesitas un estudio, por qué tienes un asistente, para qué se necesita el software que estás diseñando y por qué te estás fusionando con otra empresa, tanto mayor será tu capacidad de generar ideas, posibilidades y opciones únicas para lograr el éxito en tu propósito.

¿Cuánto tiempo estás en tu sala de estar?

El valor del enfoque orientado ha sido un elemento central desde hace años tanto de mi aprendizaje personal como de mi enseñanza, de mis programas de formación y de mi asesoría de gestión. Si no sabemos *por qué* hacemos algo, nuestra actividad carece de sentido, de claridad y de dirección. Cuando *sabemos* cuál es el propósito —de una reunión, de un folleto, o de una empresa— tenemos un criterio para tomar decisiones y para determinar en qué consistiría el éxito en esas tareas, además de la motivación necesaria para superar creativamente los obstáculos que podamos encontrar en nuestro camino.

Últimamente me ha estado llamando la atención la cantidad de procedimientos que aplica la gente a su vida y a su trabajo que requerirían una revisión. Alguien los creó en algún momento, tal vez por una buena razón, pero esa razón ha dejado de ser relevante. Lo que activó esta percepción en mi caso fue la visita a algunas oficinas que eran casi totalmente disfuncionales para la productividad personal. No había lugares previstos para situar instrumentos esenciales de comunicación personal, no había bandejas de entrada y de salida, el espacio destinado para archivos de gran importancia era totalmente insuficiente, no había impresoras a mano, ni espacio de estantería para colocar libros y manuales de referencia de gran utilidad. Las mesas eran magníficas, pero nadie las usaba por miedo a que se rayaran.

> En mi opinión, lo que caracteriza a esta época es la perfección de los medios y la confusión de los fines.
>
> Albert Einstein

Históricamente, es probable que la finalidad de muchas de estas oficinas fuera impresionar a la gente exhibiendo la cantidad de madera buena que podía pagarse el directivo en cuestión y lo poco que necesitaba trabajar. Mira, ¡un trono! Atención, ¡el rey! Pero las personas que se sientan hoy en esas oficinas tienen prioridades y necesidades muy distintas: necesitan trabajar en ellas para mantenerse a flote en medio de una ingente carga de ocupaciones, y también necesitan comunicarse rápidamente y mantenerse al día de los asuntos de forma eficiente. Sus oficinas son dinosaurios. Alguien debería rediseñarlas. A lo largo de los años que he pasado en las empresas de mis clientes, también he sido testigo de gran cantidad de reuniones semanales de personal. A veces sólo consiguen una asistencia parcial, y su repercusión es mínima. Nuevos equipos y nuevos departamentos establecen reuniones semanales para que todo el mundo esté al día de los cambios y las novedades y para llegar a acuerdos de forma regular. Pero a medida que las cosas se van asentando y se alcanza la velocidad de crucero, desaparece la necesidad de un conciliábulo semanal. Pero se siguen reuniendo, por más que sea una forma ineficiente de emplear tiempo y personal. Creo que deberían cancelarse todas las reuniones en todas las empresas, y volver a convocar únicamente las que tengan una finalidad específica, y establecer la periodicidad de dichas reuniones a partir de las necesidades de la realidad actual en lugar del mero hábito.

Un problema que tienen los viejos y grandes veleros es que las cocinas están siempre separadas de las áreas de socialización, una disposición que causa problemas en ambos lugares. En décadas anteriores, la mayoría de las personas que poseían grandes barcos podían permitirse un personal de servicio a tiempo completo para preparar y servir las comidas desde la cocina. Los nuevos diseños en cambio, pensados para una navegación moderna con escaso personal, combinan las zonas de servicio y las zonas de socialización con el resultado de que los mismos metros cuadrados resultan más confortables y mucho mejor aprovechados.

> El hombre medio no sabe qué hacer con su vida, y, sin embargo, quiere otra que dure para siempre.
>
> Anatole France

¿Dónde se producen la mayoría de interacciones en una casa? En la cocina. Se han terminado las criadas y el servicio. Hoy, la mayoría vivimos de acuerdo con un estilo de vida totalmente distinto, un estilo en el que todos estamos juntos, y ésa es la gracia precisamente. ¡Sólo hay que fijarse en que muchos restaurantes nuevos y buenos sitúan la cocina a la vista de todo el mundo! ¡Conozco incluso a algunos profesionales realmente radicales que han convertido su sala de estar en su oficina! Igualmente desarrollaban toda su vida (social) en la cocina o en la zona de estudio, y qué mejor lugar para pasar el tiempo trabajando que uno con mucha luz, espacio para mobiliario y con toda tu biblioteca?

Haz un inventario de tus principales activos y procedimientos: tus espacios, tus políticas, tus reuniones, tu equipo, tus caprichos, tus ropas viejas y tus joyas. Escribe cuál consideras que es el sentido o los sentidos de cada uno de ellos. Apuesto a que querrás cambiar unas cuantas cosas, y a que disfrutarás haciéndolo.

Por cierto...

- ¿Cuál de tus rutinas o procedimientos te parece desfasado? ¿Qué ocurriría si lo abandonaras?
- ¿Qué uso creativo podrías dar a cualquier espacio no utilizado en tu vida?
- Si crearas una oficina nueva desde cero, ¿qué cosas conservarías? ¿Qué cosas eliminarías? ¿Qué cosas añadirías?

19

Lo mejor es preferible a lo bueno

El compromiso con la calidad final de algo proporciona un acceso único a la creatividad y a la inteligencia. Desde la actividad más pequeña hasta el objetivo más elevado, el enfoque orientado al máximo cumplimiento de su propia finalidad da pie a una información y una inspiración a las que no es posible acceder desde ninguna otra perspectiva.

Cómo convertirse en invencible

> Cuando lo hacemos lo mejor que podemos, nunca sabemos qué milagro puede producirse en nuestras vidas, o en las de otros.
>
> Helen Keller

Hay una forma muy sencilla de convertirse en indestructible: trata de dar lo mejor de ti mismo en cualquier cosa que estés haciendo, ahora mismo. Para conseguir la clase de invulnerabilidad a la que me refiero, es preciso pasar por la puerta de la vulnerabilidad total que supone adoptar esa actitud. No se trata de *ser* el mejor, sino de *hacerlo* lo mejor posible. Tratar de ser el mejor puede encontrar fácilmente dificultades, debe cargar con el peso del ego y de la autocrítica, y su formato natural es ganar/perder. Pero *hacerlo* lo mejor posible es una experiencia dinámica, siempre cambiante que está al alcance de cualquier persona en cualquier momento. Consiste en implicarte con tu vida y tu trabajo en el momento presente, con una actitud y una altitud que resultan siempre renovadoras y refrescantes. Y siempre puedes ganar, en el momento que sea.

La poderosa libertad que resulta de esta experiencia no es gratuita, sin embargo. Debes acercarte a un filo peligroso. Debes preguntarte a ti mismo «¿Qué es mejor?», escuchar la respuesta y encontrar dentro de ti la fuerza necesaria para estar a la altura de ella. Eso puede significar sacrificar tu placer inmediato, tus hábitos, tu letargo, y (¡Dios no lo quiera!) tus dudas sobre ti mismo.

> El maestro en el arte de vivir apenas distingue entre el trabajo y el juego, el esfuerzo y el ocio, la mente y el cuerpo, la información y el recreo, el amor y la religión. Apenas sabe cuál es cuál. Simplemente, persigue su idea de la excelencia en todo lo que hace, y deja a los demás la decisión de si está trabajando o jugando. A sus propios ojos está haciendo ambas cosas.
>
> JAMES MICHENER

Encuentro maravillosamente irónico que justo cuando renuncio a mi deseo de confort, a mi independencia y a mi sensación de control previos para seguir las directrices de mi guía intuitiva, gane acceso a una satisfacción mucho más profunda, a una verdadera libertad, a un verdadero poder personal. Cuando me pregunto sinceramente a mí mismo: «¿Qué es lo mejor que puedo hacer ahora mismo?», y cuando estoy dispuesto a escuchar la respuesta y a actuar en consecuencia, me convierto en invulnerable a los dardos de mis propias dudas, vacilaciones y recriminaciones. No hay nadie capaz de atacarme con el artero sentido de la venganza de mi propio yo negativo. Sin embargo, cuando realmente me concentro en hacerlo lo mejor que puedo, olvido y perdono el pasado (al menos por el momento) y dejo de lado los miedos sobre el futuro. Eso es en sí mismo un acontecimiento saludable (cuando no milagrosamente curativo).

¿Qué es lo mejor que podría estar haciendo ahora mismo? La respuesta a esta pregunta puede guiar tus acciones en cualquier actividad y en cualquier nivel. Lo mejor no significa lo perfecto: simplemente es lo mejor. Lo mejor que puedes hacer en este momento, con toda la conciencia y los recursos que eres capaz de reunir en este momento. Haz la mejor salsa de espaguetis que puedas hacer con lo que tienes y con lo que eres, ahora mismo. Organiza la mejor reunión que puedas hacer, dadas las circunstancias del momento. Cuando hablas con un amigo, con tu esposa, con tu madre, con tu hijo, haz que sea la mejor conversación que podrías tener. La mejor proposición matrimonial, la mejor excursión en coche con la familia, la mejor evaluación de resultados, y la mejor siesta.

Es interesante que las respuestas que obtengo cuando soy lo bastante inteligente como para dirigir mi vida de este modo nunca están demasiado lejos de lo que he estado haciendo realmente. Pero el cambio de perspectiva siempre genera ideas e inclinaciones que aumentan mi productividad, ya sea más trabajo para mi negocio o más alegría para mis días.

Por cierto...

- Cuando te preguntas a ti mismo qué es lo mejor que podrías estar haciendo en este momento,

¿cuál es la respuesta? (Si no es leer este texto... ¿tal vez podamos vernos en otro momento?)
- ¿Qué podría impedir que plantearas y respondieras a esa pregunta?

20

Cambio de enfoque igual a cambio de resultado

Si quieres obtener resultados diferentes, debes realizar primero un cambio de enfoque. En cuanto cambies la imagen que tienes en la mente, comenzarán a ocurrir automáticamente cosas distintas. Centra tu atención en el rojo, y aparecerá el rojo. Centra tu atención en un resultado distinto para una conversación, y se te ocurrirán ideas diferentes. Centra tu atención en ver un modelo específico de coche nuevo, y será como si un barco acabara de descargar un montón de automóviles de este tipo en la autopista. Tu cerebro tiene integrado un mecanismo para encontrar pautas que has programado previamente al centrar en ellas tu atención. Las soluciones, las innovaciones y el éxito no proceden de una mayor inteligencia o creatividad, sino de aquello que advertimos como resultado de nuestra manera de orientar dichos atributos.

¿ESTÁS PREPARADO PARA *ESTAR PREPARADO*?

> Las mentes tranquilas son incapaces de sorprenderse o de asustarse, siguen a su ritmo tanto en la fortuna como en la desgracia, como un reloj en medio de una tormenta.
>
> ROBERT LOUIS STEVENSON

Hay una sutil habilidad práctica para la vida que debería formar parte de las competencias de todos los profesionales (y también de todo el mundo): ¿a qué velocidad puedes volver a la posición de preparado? ¿Con qué facilidad y rapidez eres capaz de relajarte y cambiar de enfoque cuando sea necesario? ¿Qué capacidad tienes para crear un estado mental centrado, equilibrado, atento y abierto al siguiente *input* o al siguiente cambio que pueda surgir en tu mundo? Cuando algo te toca la fibra, te llama la atención, te molesta, te enfada, te absorbe o te excita, ¿cuánto tiempo necesitas para desechar esos sentimientos, pasar página internamente y dedicarte sin reservas al nuevo sujeto/objeto al que toque prestar atención en el momento?

¿Cómo podrías desarrollar un sistema personal que promoviera un estilo de vida y de trabajo que fuera capaz de volver con facilidad a la posición de *preparado*? La energía estática y retenida que crean los asuntos sin decidir, sin organizar y sin resolver que tienes sobre la mesa, en tu oficina y en tu mente generan un estancamiento psíquico que mina tu capacidad para ponerte fácilmente en este estado. Es como tratar de echar una mirada panorámica a las marismas cuando te están tragando las arenas movedizas.

> La mera formulación de un problema es mucho más esencial que su solución, la cual tal vez sea una simple cuestión de habilidad matemática o experimental. Para plantear nuevas preguntas, nuevas posibilidades, para contemplar viejos problemas desde un nuevo ángulo, se requiere una imaginación creativa y eso es lo que marca los auténticos avances en ciencia.
>
> Albert Einstein

Cuando estás jugando al tenis y te toca restar, ¿cuál es la mejor actitud mental, el mejor estado emocional y la mejor posición física que deberías adoptar? Cuando tres personas se te acercan desde lados distintos para atacarte en una sesión de karate, ¿cuál es la posición más efectiva que puedes adoptar? Cuando ha empezado la negociación final para una compra y el abogado de la otra parte lanza una exigencia sorprendente y potencialmente fatal para el trato, ¿cuántos recursos internos tienes disponibles para tomar decisiones rápidas e intuitivas? ¿Puedes zafarte de la presión asfixiante de tus presunciones y proyecciones, y emprender nuevas acciones basadas en una perspectiva nueva e inteligente? ¿Puedes renunciar al control en un nivel, para pasar rápidamente a otro superior?

> Pues la piedad no consiste en que te vean a menudo ofreciendo un rostro velado a las piedras, ni en acercarse a todos los altares, ni en postrarse... ante los templos de los dioses, ni en manchar los altares con la sangre de animales... sino más bien en ser capaz de contemplar todas las cosas con la mente en paz.
>
> LUCRECIO

La próxima vez que quieras contratar a alguien y estés evaluando sus experiencias y competencias, fíjate en la capacidad de esta persona para recuperar el control con rapidez. ¿En qué momento se ha visto sorprendida (positiva o negativamente)? ¿Cuánto tiempo tardó en integrar la situación e improvisar una respuesta positiva? Este comportamiento será más adelante valorado y promocionado por tu organización. La próxima vez que evalúes tus propios puntos fuertes y débiles, fíjate también en lo mismo. ¿Cuánto te cuesta estar preparado? Dentro de veinte años estarás contento de haberlo hecho.

Ahora mismo estoy trabajando en una nueva y vital afirmación de mi propio proceso de desarrollo personal: «Relájate, reenfoca». Pruébalo tú también.

Por cierto...

- ¿Cuál es tu mayor problema o cuestión pendiente ahora mismo? ¿De qué modo lo estás enfocando? ¿Qué imagen tienes de él?
- ¿Cuán fácilmente puedes abandonar todos los pensamientos que tengas ahora mismo y concentrarte en la idea del éxito?
- ¿Cómo te gustaría sentirte y reaccionar cuando te encuentres con tu próxima gran sorpresa?

21

La perspectiva es la mercancía más valiosa del mundo

El título es el corolario del principio *cambio de enfoque igual a cambio de resultado*. Las prioridades de tu trabajo actual (y las acciones en las que focalizas tu atención) pueden cambiar si piensas en lo que debería ser tu trabajo dentro de dieciocho meses. Poner las cosas en un contexto diferente puede contribuir a generar ideas y soluciones nuevas. Tu punto de vista puede convertir la más adversa de las circunstancias en una experiencia tremendamente positiva. Hay un número infinito de cosas del universo que te están vetadas sólo por tu propia altitud y actitud.

Ascender a algo mejor

> La vida es una sucesión de locuras inspiradas. Lo difícil es que funcionen. No dejes escapar nunca la ocasión. No se presenta cada día.
>
> George Bernard Shaw

A veces no soy tan listo como en otras ocasiones. Y la mayoría de las veces no estoy tan inspirado como desearía. De modo que si realmente quiero mejorar en el trabajo, en la vida y como persona —y si realmente soy tan perezoso como pretendo ser—, lo más inteligente que puedo hacer es cazar al vuelo las ideas, las expresiones y las experiencias cuando estoy en un estado de conciencia más elevado. Luego puedo usarlas para ilustrarme, elevarme y orientarme cuando no estoy tan fino.

Esto significa atrapar una idea que podría serme útil en el momento en que la tengo, porque tal vez no la tenga una segunda vez. Si estoy en la playa y pienso en una nueva forma de enfatizar una idea en mis seminarios, debo escribirla tan pronto como pueda conseguir un bolígrafo y un papel. Si estoy conduciendo y pienso en algo realmente creativo y cariñoso que hacer por otra persona, debo registrarlo inmediatamente en un bloc o en una cinta grabadora. Cuando estoy en un estado de conciencia más sublime de lo habitual, debo expresarlo escribiendo una afirmación o bien un pensamiento inspirado.

> La relación que mantenemos con las circunstancias determina la influencia que tienen sobre nosotros. El mismo viento que empuja un barco al puerto puede arrastrar a otro mar adentro.
>
> CHRISTIAN BOVÉE

Pero el problema es que cuando tengo esos pensamientos, no me parece que deba hacer nada con ellos, usarlos de ningún modo. Hay algo tan *obvio* en ellos que estoy convencido de que nunca los olvidaré y de que estarán siempre allí cuando los necesite. Naturalmente dos minutos después, en cuanto me pongo a pensar en la siguiente cosa útil y positiva, que estoy seguro que nunca voy a olvidar, ¡ya he olvidado la primera! Cuando estoy en estados positivos de conciencia, parece como si el mundo fuera a seguir siempre así, de modo que no hay necesidad de prepararse para algo distinto. Pero el hecho de que seamos capaces de ser atentos, inteligentes e inspirados no significa que podamos serlo siempre.

> Puedo cambiar mi vida si cambio mi actitud. Quien no quiere saber nada de las espinas no debe tratar de coger flores.
>
> Henry David Thoreau

Si sois como yo, es necesario que os creéis unas muletas y que las aprovechéis bien. Cuando estoy haciendo recados o navegando por Internet, es bueno que me recuerden lo que quería regalarle a alguien cuando estaba más conectado. Cuando estoy ilustrando una idea en un seminario, es bueno que me recuerden la idea creativa que se me ocurrió para explicarlo mejor cuando estaba caminando por la playa. Y cuando estoy abatido, es magnífico sacar mi catálogo de afirmaciones personales y leerlas para elevar mi perspectiva y mi energía.

Así pues, cuando estés inspirado, trata de sacar el máximo partido de ello. Desarrolla el hábito y encuentra las herramientas necesarias para atrapar los regalos cuando aparecen. Luego ponte la cosecha a la vista en los momentos en los que puedas darle mejores aplicaciones.

Por cierto...

- ¿De qué modo puedes aprovechar mejor el principal reto que tienes delante ahora mismo?
- ¿Qué es lo más inspirador que has escrito o leído últimamente? ¿Cómo podrías sacar más partido de ello?
- ¿Qué es lo mejor que te ha ocurrido en los últimos días? ¿Qué podrías hacer para que volviera a ocurrirte algo parecido?

22

Debes pensar más en tus asuntos

Cualquier cosa que hayamos dejado entrar en nuestro entorno interior o exterior que no deba permanecer allí en su estado actual requiere algún tipo de acción por nuestra parte. Lo que debe ocurrir para avanzar hacia la resolución del asunto no es inmediatamente evidente por el simple motivo de que el correo electrónico, la carta, la idea o la situación esté allí. Debemos pensar. No mucho, pero sí lo suficiente para decidir cuál es la siguiente acción requerida para activar el proceso hacia la resolución. Es frecuente que las personas eviten esta reflexión hasta que la presión se vuelve irresistible. El pensamiento mínimo e imprescindible no requiere mucho tiempo ni mucho esfuerzo (habitualmente unos quince segundos). Pero sí que requiere cierto tiempo y esfuerzo.

La productividad no se da por sí sola

Una hora de pensamiento efectivo, preciso, intenso, disciplinado e integrado puede valer un mes de trabajo duro. Pensar es la esencia misma del trabajo y de la vida, pero también lo más difícil de hacer cuando estás inmerso en ellos. Las personas que construyen imperios dedican horas a realizar trabajo

> mental... mientras otros están de fiesta. Si no eres consciente de estar dedicando el esfuerzo necesario para desarrollar un pensamiento orientado e integrado, si no actúas más allá de tus impulsos y tiendes a adoptar el camino de menos resistencia, estás cediendo a la pereza y ya no controlas tu vida.
>
> David Kekich

Hay ciertas circunstancias que deben darse para que podamos definir nuestro trabajo y ser máximamente eficientes en él. Y son tres cosas que no se dan por sí solas. Debemos entrenarnos a hacer las tres e imponernos esa disciplina hasta que se conviertan para nosotros en comportamientos habituales y automáticos.

Debemos:

1. Tomar decisiones acerca de lo que pretendemos conseguir en cada caso y acerca de cuáles son las próximas acciones que vamos a emprender para conseguirlo (qué forma adoptará el *hacerlo*). Los asuntos permanecen parados hasta que decides cuál es el resultado que buscas y cuál será la próxima acción para encaminarte hacia él. Las cosas escritas en listas, en blocs y en correos electrónicos generalmente repelen más que atraen una mayor implicación por nuestra parte, al menos hasta que sabemos exactamente las intenciones que tenemos respecto a ellos y si el próximo paso consistirá en una llamada telefónica, en esbozar una respuesta, en comprar clavos, en hablar con..., etc.
2. Escribir todos esos resultados y acciones por realizar, si no las realizamos en el momento mismo en el que pensamos en ellas. Por más que hayamos decidido aquello que queremos hacer en relación con un asun-

to, si lo archivamos en la RAM psíquica, corremos un grave riesgo de perder de vista esa opción y provocar con ello un fracaso y un estrés innecesarios. Esa parte de nosotros piensa que deberíamos estar haciendo todas las cosas que tiene almacenadas allí al mismo tiempo.

3. Consultar los recordatorios (cuando efectivamente estemos en posición de hacer algo). Incluso si has decidido que el próximo paso consiste en enviar un correo electrónico, si no miras al recordatorio cuando estás en Internet te arriesgas a perder la oportunidad de avanzar en algún asunto ahora mismo. Cuando estás en un cierto contexto, la máxima eficiencia requiere que tengas a la vista todas las cosas que podrías hacer en ese contexto.

Estos tres comportamientos combinados son un conjunto de habilidades clave para el trabajo inteligente. Sin embargo, casi todas las personas con las que me cruzo en el mundo profesional podrían mejorar significativamente su implementación de estas tres actividades productivas críticas.

El antepasado de cualquier acción es un pensamiento.

Ralph Waldo Emerson

Piensa como un hombre de acción, y actúa como un hombre de reflexión.

Henri Bergson

Cuando éramos pequeños no nos enseñaron estas prácticas. El mundo laboral cotidiano de nuestros padres no requería esos comportamientos de esfuerzo inteligente. La gente simplemente iba al trabajo y hacía lo que obviamente había que hacer: lo tenían delante de ellos. Pocas personas trabajan ya en un mundo de esa clase. Cualquiera que simplemente se presente hoy en día en el trabajo y espere ponerse a hacer lo que tenga delante simplemente está pensando en un mundo retro que ya no existe. Es probable que esta persona experimente un estrés creciente que no tiene visos de remitir. Debemos prepararnos para aplicar nuestro poder mental a saber qué *es* exactamente lo que tenemos delante de nosotros y por lo tanto cómo deberíamos resolverlo.

Por cierto...

- ¿Qué asunto ocupa ahora mismo espacio en tu mente? ¿Cuál es la siguiente acción que requiere, y dónde? ¿Dónde puedes poner un recordatorio de esa acción? (¿Cuánto tiempo te llevó este proceso?)
- ¿Qué hay en tu entorno inmediato que no deba estar allí de manera permanente? ¿Qué tipo de reflexión necesitas para saber qué hacer con ello?

23

No debes temer tanto pensar en tus asuntos

Se trata del corolario del principio anterior. Aunque necesitas reflexionar acerca de tus asuntos para saber qué hacer con ellos, hacerlo no requiere tanto esfuerzo como puede parecer. Un poco de reflexión («¿Cuál es mi intención? ¿Cuál es la siguiente acción?») genera un control y una focalización relajada. Pero la mayoría de las personas se resisten a pensar en absoluto en muchas cosas. ¿Por qué? Porque sus mentes son tan rápidas y sofisticadas que lanzan una ojeada a la situación y se asustan con todos los intrincados detalles de lo que temen que deberían pensar, si realmente pensaran en ello. De modo que el asunto posee una parte psicológica. Lo que debes hacer es decidir el resultado deseado y la próxima acción a realizar, poner recordatorios de éstos en algún lugar que tu cerebro esté seguro de que verás en el momento adecuado, y notarás el alivio de tu mente: «Hecho... por el momento».

Sé completo con lo incompleto

En los seminarios, a menudo muestro mis proyectos (unos sesenta en el momento de escribir estas páginas) y mis próximas acciones a propósito de ellos (unas ciento cincuenta) en una pantalla. A menudo, alguien dice: «¿Cómo logras no sentirte totalmente abrumado y desanimado al ver constantemente todas esas cosas que tienes que hacer?». Lo que realmente está diciendo es: «¡No quiero tener que hacer todo eso!».

> ¿Alguna vez dejaste de pensar y te olvidaste de volver a hacerlo?
>
> AUTOR DESCONOCIDO

Ello se debe probablemente al deseo innato de cierta paz, equilibrio y unidad interior con el mundo y con ellos mismos. Recordarse a sí mismos todas las cosas pendientes que hay en su vida —todo su *trabajo* pendiente— le parece a la mayoría de las personas una alteración de la tranquilidad de ser simplemente. Pero no es así. De hecho, contribuye a una expresión más completa de esa armonía. Sólo necesitas ser completo con lo incompleto.

> El pensamiento es útil cuando incita a la acción, y un obstáculo cuando la sustituye.
>
> BILL RAEDER

Tenemos aquí una paradoja, sin duda. Si recopilas, procesas, revisas y renegocias conscientemente todos tus compromisos contigo mismo y con los demás, en cierto modo has *cumplido* con ellos. No queda nada pendiente, ninguna distracción, ninguna angustia por haber comprometido energía en acuerdos invisibles y olvidados. Los puedes ver todos a la luz del día (y a la luz de tu conciencia) y puedes decir: «Bueno, había dicho que haría esto, y sigo queriendo hacerlo en cuanto pueda, pero *no ahora mismo*».

Las personas que piensan que mis listas de cosas por hacer son una carga tienen un montón de trabajo que ni siquiera se atreven a mirar. Y todo aquello a lo que se resisten, persiste. Siempre vuelvo a la conciencia de que no soy mi trabajo, porque he objetivado y revisado en qué consiste. Pienso que muchas personas siguen teniendo problemas para establecer la diferencia.

> Lo más importante que he aprendido a lo largo de los años es la diferencia entre tomarse el trabajo en serio y tomarse a uno mismo en serio. Lo primero es imperativo, lo segundo, desastroso.
>
> Margot Fonteyn

> Convertir lo simple en complicado está al alcance de todos; convertir lo complicado en simple, asombrosamente simple: eso es creatividad.
>
> Charles Mingus

Ser realmente *un individuo en particular* tiene francamente poco que ver con si se preparan listas, si se es productivo, incluso con si se tiene la mente lúcida, equilibrio emocional o un cuerpo sensible. Si eres bueno en lo que haces, puedes ser alguien confuso, estresado o con gripe, incluso con un flujo negativo de caja. En cualquier momento puedes abandonar las cargas y los compromisos de tu vida a lo que identificas como el poder superior y quedar libre en tu conciencia. Pero si evitas enfrentarte a lo incompleto en tu vida o lo haces de forma ineficaz es probable que debas confrontar más experiencias negativas de las que desearías.

No estoy enseñando el mejor modo de ser *espiritual.* Enseño el modo de aclarar y organizar tu enfoque para que uses de la forma más eficiente la energía que tienes, para obtener todo lo que esta energía puede producir.

Por cierto...

- ¿Cómo te sentiste en el trabajo la semana previa a las vacaciones? ¿Por qué?
- ¿Qué asunto estás postergando porque te parece demasiado complejo para que tu cerebro lo resuelva con facilidad? ¿Cuál es la próxima acción física que podrías hacer para empezar a sacar todo lo que tienes en la mente sobre este asunto?

24

Si sabes lo que estás haciendo, la eficiencia es tu única oportunidad de mejorar

Una vez establecido un propósito, una meta o un criterio, lo mejor que puedes hacer es cumplir con él y hacerlo con el mínimo esfuerzo posible. De ese modo no se malgasta energía y se libera una cantidad óptima de recursos para hacer u obtener más de lo que quieres.

Trascender el estrés

> Hay sólo dos formas de vivir la vida. Una es hacerlo como si nada fuera un milagro. La otra es hacerlo como si todo fuera un milagro.
>
> Albert Einstein

Muchos de los modelos y conceptos que enseño alivian la presión improductiva en nuestras vidas: el estrés innecesario que crean los compromisos que alojamos en nuestra psique y que luego imponen demandas indebidas sobre nuestra energía y nuestra atención. Dichos métodos obtienen resultados por sí mismos, aunque sólo hasta cierto punto: si *realmente* obtienen resultados a largo plazo depende en último término de por qué los estoy aplicando.

¿Por qué estoy haciendo limpieza realmente en mi armario psicológico?

Si trato de poner orden en todo lo que hay de incompleto en mi mundo porque en realidad lo que quiero es desentenderme de mi vida, el estrés nunca se irá realmente. Sin duda puedo conseguir un cierto alivio, a veces incluso mucho. Es magnífico tener la mente en blanco, el armario interior limpio y las listas de proyectos y acciones al día. Pero a pesar de eso tal vez una parte de mí siga queriendo plegar velas, salir de escena, anestesiarse o anular de cualquier otro modo ese ruido más profundo que sigue ahí. Lo que estoy tratando de anular en este caso no es nada muy grande, ni muy traumático, ni muy claramente negativo. Se trata de ese zumbido incesante de bajo nivel que parece penetrarlo todo de tedio. Experimento las cosas que entran en mi mundo como irritaciones, no como oportunidades. ¡No veo el momento de *terminar* para evadirme de todo el asunto! Pero para quien ve las cosas así el derrotismo no tarda en aparecer: ¿por qué debería empezar algo si nunca se termina nada realmente? ¡Glups! He aquí un magnífico ejemplo de profecía negativa que se alimenta a sí misma.

> Sólo cuando nos damos cuenta de que la vida no nos lleva a ninguna parte comienzan a tomar sentido las cosas.
>
> P. D. Ouspensky

> El progreso está guiado por hombres perezosos que tratan de encontrar formas más fáciles de hacer las cosas.
>
> Robert Heinlein

Sin embargo, si soy capaz de dirigirme interiormente en una dirección más comprometida desde el punto de vista espiritual, más basada en mi corazón que en mi cabeza, entro en un juego totalmente distinto. La actividad en sí es la misma, pero viene envuelta en un halo de elegancia y comodidad. Acepto lo que tengo delante y siento curiosidad por sus posibilidades. Estoy interesado en procesar todos mis asuntos de acuerdo con mis métodos de gestión del flujo de trabajo porque éstos lo merecen, o mejor, porque *yo* lo merezco. Cuando me siento realizado internamente y estoy conforme conmigo mismo al nivel más profundo, ya no se trata de despachar todos los asuntos. Se trata únicamente de seguir adelante con mi actividad, y hacerlo del modo más consciente posible. ¿Qué estoy haciendo ahora, y ahora, y ahora, y ahora...? ¿Es éste el mejor modo de hacerlo?

> Antes de someterte a una operación quirúrgica, arregla tus asuntos temporales. Tal vez salgas con vida.
>
> AMBROSE BIERCE

La maravillosa paradoja es que cuanto más focalizo mi atención en el mundo físico externo (y todo lo que lleva asociado), más me esfuerzo por escapar de los dardos y las flechas de la materialidad. Cuanto más espiritualmente orientado y menos atado a lo físico me siento, más productivamente implicado en el mundo material parezco estar. Tengo una percepción más clara de dónde encajo en el gran esquema de las cosas, y no me permito la menor irresponsabilidad en mis asuntos y en mis acciones, por pequeños que sean.

Ciertamente, todo esto no es sino otra versión de una verdad muy simple: debo aclarar mis objetivos para saber cómo evaluar las experiencias y las posibilidades que encuentro a mi paso. Pero últimamente he comenzado a pensar todo esto a un nivel distinto. Pienso que la diferencia comienza a ser *el* propósito, y no sólo el hecho de tener alguno.

> Tenemos infinitos problemas para resolver, misterios creados por el hombre; sólo cuando tratamos de descubrir el secreto de Dios desaparecen todas nuestras dificultades.
>
> MARK TWAIN

¿Fácil? Una vez que lo he conseguido y me encuentro en ese maravilloso estado de ser y hacer simultáneamente, no parece que fuera necesario ningún esfuerzo para llegar allí. El tiempo desaparece y también todo esfuerzo consciente. ¿Cómo se alcanza este estado, y cuánto se tarda en llegar hasta él? Todo lo que sé es que siempre está disponible para mí, siempre que yo estoy disponible para él.

Por cierto...

- ¿Cuándo has mejorado tu eficiencia en algo? ¿Cómo te sentiste? ¿Por qué lo hiciste?
- ¿Qué asunto has estado postergando que deberías organizar mejor? ¿Qué serías capaz de hacer —o hacer mejor— en ese caso?

25

Estar *en la zona* consiste en tener sólo una cosa en la mente

Si estás consciente, no puedes tener la mente vacía: siempre estará enfocada en algo. Pero si dedicas tu atención a una sola cosa, sin ningún conflicto ni distracción interior, estarás *en tu zona*. En cierto sentido, en momentos así nada de lo que hagas será más o menos relevante que cualquier otra cosa. Todo será igual de importante y omnicomprensivo. No habrá distinción entre trabajo y ocio, entre intensidad y relajación. Todo será lo mismo. Será siempre, simplemente: ¿ahora qué, y luego qué?

¿Qué importancia puede tener cualquier cosa que no sea lo más importante?

La capacidad de prestar toda tu atención a lo que tienes delante, en todos y cada uno de los momentos, es una de las llaves del rendimiento excepcional. Conseguirlo resulta relativamente fácil cuando estás totalmente implicado en algo que consideras tu prioridad máxima e incuestionable. Puedes encontrarte en esa situación por razones tanto proactivas como reactivas. Tal vez te hayas identificado tanto con lo que quieres lograr que nada puede apartar tu atención de la cuestión más importante de todas para ti. O bien se ha declarado una crisis tan patente que a todas luces *debes* dedicar todas tus energías psíquicas a resolverla.

Mientras una persona se encuentra en alguna de estas situaciones, es improbable que se interese demasiado por las demás cuestiones irresueltas de su vida y su trabajo. Tenderá a estar totalmente absorta en lo que está ocurriendo aquí y ahora. El arte sería permanecer en esa zona todo el tiempo, dedicar la cantidad idónea de atención al objeto más idóneo, desde la perspectiva más idónea, durante el lapso idóneo de tiempo. Ni más, ni menos. Y luego pasar a lo siguiente, del mismo modo, con el cien por cien de energía creativa positiva.

Esto constituiría un estado casi zen de productividad, en el que tratarías con la realidad presente desde una perspectiva que sería a la vez distanciada y totalmente implicada. Es el estilo ideal del ejecutivo: aparecer, integrar, pensar, decidir y resolver, desde una perspectiva inteligente e informada por la internalización de resultados, visiones y criterios. Ninguna preocupación antes, ninguna después. Una acción limpia, clara, precisa, sin residuo. Sin dejar ondas en el agua. ¿Quién *era* ese hombre enmascarado?

> Los asuntos de la vida integran una multitud de intereses, y quien razona acerca de cualquiera de ellos sin tener en cuenta los demás es un visionario inepto para los asuntos del mundo.
>
> James Fenimore Cooper

¿Pero cómo conseguirlo? Y una vez conseguido, ¿cómo mantenerlo? En realidad tiene mucho que ver con tu confianza en que se puede participar en un juego mayor y con tu capacidad para identificarte con él. También con tu capacidad para ser totalmente honesto en tus acuerdos contigo mismo, que pueden existir a múltiples niveles de tu existencia y pueden ser muy sutiles.

¿Podrías manifestar realmente esa claridad de enfoque si siguieras teniendo temas pendientes no del todo gestionados y renegociados contigo mismo? ¿Es preciso sacrificar todos los detalles que no sean inmediatamente cruciales para gozar de la plenitud de la vida? ¿O hacer eso es un remedio meramente temporal, que sólo sirve para eludir la responsabilidad por compromisos que volverán a acosarte en algún momento? He formado a muchos ejecutivos que no creen conscientemente estar estresados. Pero en todos los casos, cuando reconocen, clarifican y organizan todos sus temas pendientes en un sistema objetivo y controlado, se sienten mucho mejor. Luego ¿cómo se sentían antes? ¿Bien? Tal vez, pero obviamente no tan bien como podrían sentirse.

> Hay una cosa que podemos hacer, y las personas más felices son aquellas que la hacen tan bien como son capaces de hacerlo. Podemos estar completamente presentes. Estar totalmente ahí. Podemos... prestar toda nuestra atención a la oportunidad que tenemos delante.
>
> MARK VAN DOREN

¿Cuán importante es haber resuelto todos los asuntos aparte del que estás tratando ahora mismo si quieres estar disponible al cien por cien para lo que estás haciendo? ¿Es realmente posible bloquear todo lo demás y no dejarse afectar por nada que no sea la cosa en la que estás centrado en aquel momento? Obviamente tu mente consciente sólo puede ser consciente de un número relativamente escaso de cosas a la vez, y el resto está aparcado en alguna estantería psicológica. ¿Pero de verdad puedes compartimentar tu psique de manera que no te afecte negativamente ninguno de los demás aspectos de tu vida y de tu trabajo que no están claros, ni decididos, ni organizados tan efectivamente como podrían estarlo?

¿Qué hay que hacer para lograr una confianza completa en ti mismo y en lo que estás haciendo, todo el tiempo?

Por cierto...

- ¿Cuándo fue la última vez que estuviste *en la zona*? ¿Sabes cómo llegaste allí?
- ¿Qué te impide estar totalmente concentrado en el día de hoy, en lo que sea que estés haciendo? ¿Qué podrías hacer para conseguirlo?
- ¿Te descubres alguna vez haciendo cosas para evitar hacer otras cosas?

26

El valor de una meta en el futuro es el cambio que promueve en el presente

La visión de un futuro deseado permite mejorar inmediatamente tu enfoque. Cambia tu percepción y tu rendimiento desde ahora mismo. Su valor no reside en lo que puedas conseguir con el tiempo, sino en los cambios que introduce en la sustancia y la calidad de las decisiones que estás tomando en este momento. Influye sobre lo que escoges percibir, sentir y hacer en el presente. Imaginar un resultado positivo en el futuro convierte dicho escenario en creíble y madura tu conciencia. A pesar de nosotros mismos, comenzamos a actuar como si fuera verdadero.

¿Ser o hacer? ¿Es ésa la cuestión?

> Debes pensar en grandes cuestiones mientras resuelves pequeñas cuestiones, para que todas las pequeñas cuestiones vayan en la dirección adecuada.
>
> Alvin Toffler

Al explorar el sentido de la vida y, por tanto, aquello en que consiste nuestro *éxito* como seres humanos, surge un dilema maravilloso. ¿Debemos ser o hacer? ¿Debemos considerar que nuestro mayor logro es la renuncia a todo empeño material y la conexión con nuestra fuente espiritual? ¿O acaso depende nuestra realización personal de los resultados que obtenemos, de las cosas que hacemos que ocurran para nosotros mismos y para los demás en este mundo?

> Me levanto por la mañana dividido entre el deseo de mejorar (o salvar) el mundo y el deseo de disfrutar (o saborear) el mundo. Eso plantea dificultades en la planificación del día.
>
> E. B. White

Intuitivamente, sé que se trata de una falsa dicotomía. No es una cuestión de *lo uno o lo otro*. El auténtico ser es una experiencia altamente activa y dinámica, que puede incluir o no tareas físicas. Por otro lado, un hacer próspero y de calidad implica una realización personal y posee un aspecto intemporal o zen, a menudo asociado a estados superiores de conciencia (estar en la zona). En sus aspectos positivos, ser y hacer parecen capaces de coexistir sin problema.

> No hagas nunca planes pequeños; no tienen la magia necesaria para excitar el ánimo de las personas y probablemente no lleguen a realizarse nunca. Haz sólo grandes planes; apunta a lo más alto y trabaja con la conciencia de que un modelo lógico y noble, una vez planteado, no morirá nunca.
>
> Daniel Hudson Burnham

Pero se trata de un equilibrio delicado. La focalización reflexiva interior y su expresión y manifestación externas *son* procesos distintos, y pueden experimentarse como mutuamente excluyentes. Si necesito cultivar mi ser y estoy absorbido por mis ocupaciones, ya sea por hábito o por mi propio desasosiego interior, mi actividad resulta vacía, agotadora y frustrante. A la inversa, cuando realmente debería estar haciendo cosas y simplemente me esfuerzo en *ser* como forma de eludir mis compromisos físicos, mi ser queda afectado también y es casi imposible dedicar atención a asuntos elevados o espirituales.

Hay aquí una cuestión —o mejor dicho una dualidad en nuestro deseo de perfección, o al menos de progreso— que reclama una solución. Pero hace años aprendí que cuando nos encontramos con esa clase de atolladeros filosóficos, es probable que exista una perspectiva más elevada desde la cual la disonancia quede disuelta más que resuelta. En otras palabras, tal vez la cuestión no sea *ser contra hacer*.

Todos nosotros somos seres multidimensionales. Una parte de nosotros existe en dimensiones que parecen ajenas al espacio y el tiempo. Por otro lado, la actividad física tiene muy poco o nada que ver con esos aspectos de quiénes somos y con nuestra forma de conectar con ellos. Y, sin embargo, seguimos teniendo una parte importante de nosotros invertida en un mundo que por naturaleza está en constante cambio y movimiento.

Para las partes de nosotros que operan a este nivel, la clave no es *si* somos activos sino *cómo*. Cuando estás consciente, no puedes estar inactivo. Estás activo por la naturaleza misma de tu intención de orientar tu conciencia a un cierto lugar y de un cierto modo. *Ser* es un proceso altamente activo, pero el movimiento se dirige hacia el interior en lugar de hacia el exterior. Cuando alguien está sereno y medita, lo único que hace es reducir las distracciones del mundo exterior para hacer posible la percepción de niveles mucho más sutiles de experiencia interior.

> Si el éxito o el fracaso de este planeta y de los seres humanos dependiera de cómo soy y de qué hago, ¿cómo sería y qué haría?
>
> BUCKMINSTER FULLER

Tal vez la pregunta debería ser más bien la siguiente: ¿dónde está el punto de equilibrio entre el duro esfuerzo terrenal y el proceso reflexivo interior que alimenta y conserva la llama de la inspiración y la expresión expansiva? ¿Guardan las actividades orientadas al interior y al exterior la debida proporción y relación en mi caso? ¿Qué *clase* de acción sería óptima para mí ahora mismo? ¿Debo tomarme un momento para respirar, redirigir la atención en una dirección más sutil y adoptar una perspectiva más elevada y más sana? ¿O debo moverme físicamente para cumplir con los acuerdos que tengo conmigo mismo y desplegar mi expresión en el mundo con más energía e implicación consciente?

La cuestión no es ser o hacer. La cuestión es: «¿Qué clase de acción conecta mejor con mi forma de ser?».

Por cierto...

- Imagínate que logras un éxito completo en el plazo de cinco años. ¿Cómo te sentirías? ¿Cómo te relacionarías con el mundo que te rodea? Prueba a hacerlo desde hoy.
- ¿Te sientes en equilibrio con tu mundo interior y exterior? Si no es así, ¿qué podría contribuir a aumentar ese equilibrio?

Tercera parte

CREA ESTRUCTURAS FUNCIONALES

o

Es difícil mantenerse en la vía cuando no hay raíles

No nos sentimos cautivos de aquellas limitaciones que realmente nos sirven de algo. Agradecemos las líneas pintadas en medio de la carretera, pues nos dan la libertad de llegar adonde queremos con rapidez y con un mínimo de riesgo y estrés. Las formas efectivas no recortan espacio, lo crean. A veces es necesario reforzar nuestros sistemas para obtener mejores niveles de rendimiento y crear nuevas formas de expresarnos.

27

La estabilidad a un nivel hace posible la creatividad a otro nivel

Vivimos y trabajamos al mismo tiempo en muchos niveles distintos. Cuando surgen problemas en un nivel, éste desvía energía y atención de los demás niveles hasta que los problemas se resuelven. Cuando hay equilibrio se produce un flujo natural y sostenible de energía creativa entre todos nuestros niveles de actividad.

Organización y creatividad: ¿amigos o enemigos?

> Me gustaría que la gente me recordara como un obrero experto y diligente. Pienso que un poeta es un obrero. Shakespeare fue un obrero. Y Dios es un obrero. No creo que haya nada mejor que ser un obrero.
>
> Laurence Olivier

Es interesante observar que muchas personas siguen pensando que la organización y la creatividad son mutuamente excluyentes: «No me pidas que me organice con todas esas listas: lo que quiero es ser creativo». O: «No necesito todo ese rollo de la organización: lo tengo todo en la cabeza».

¿Por qué piensa la gente que organizarse es lo contrario de la espontaneidad, la intuición y la libertad? Probablemente porque no se identifica lo suficiente con ninguna experiencia o resultado deseado en esa área particular de su vida. Cuando realmente quieres lograr o experimentar algo, raramente percibes las cosas que debes hacer para conseguirlo como una necesidad de organizarte. Simplemente lo haces. Cuando tienes que organizarte, es probable que no estés lo bastante motivado en aquello para lo que debes organizarte.

Si quieres expresarte sobre un lienzo y el medio para hacerlo son las pinturas al óleo, ordenarás tus pinturas y tus pinceles. No pensarás en organizarte: simplemente lo harás. Si quieres pescar y realmente disfrutas haciéndolo, mantendrás tus cebos y tu sedal de cierta forma organizada. Los mejores siempre tendrán su equipo a punto.

> Perfecciona tu ser para que la rutina de tu vida no te distraiga ni te desvíe, y para que puedas mantener de este modo una actitud amorosa en todo lo que haces. Entonces podrás ampliar los horizontes de tu actividad y hacer llegar tu amor a los demás de una forma sencilla y natural.
>
> John-Roger

¿Por qué no ocurre lo mismo muchas veces con los diferentes elementos del trabajo de una persona? Me he encontrado con muchos profesionales que mantienen un orden extremadamente meticuloso en su velero, pero cuyo buzón de entrada está totalmente fuera de control. ¿Por qué? ¿Cuál es la diferencia entre una cosa y otra, en último término?

En cuanto pruebes lo que es actuar teniendo las cosas claras (y me refiero a *realmente* claras), no creo que dediques mucha más energía a pensar en que *tienes que organizarte*. Simplemente lo harás para mantener esa experiencia. En comparación con Occidente, Oriente tiene un modelo muy distinto para conseguir la espontaneidad. En el Lejano Oriente, si quieres alcanzar la verdadera libertad de expresión, tal vez se espere de ti que dediques tu vida entera a una rigurosa simplicidad y disciplina.

Es difícil ser plenamente creativo sin estructura ni límites. Trata de pintar sin un lienzo. La creatividad y la libertad son dos caras de la misma moneda. Me gusta lo mejor de ambos mundos. ¿Quieres libertad? Organízate. ¿Quieres organizarte? Sé creativo.

Por cierto...

- ¿En qué aspectos de tu vida y de tu trabajo pensaría un observador objetivo que estás organizado? ¿Qué interés te mueve a hacerlo?
- ¿En qué aspectos crees que estás desorganizado? ¿Qué resultado que requiere mayor organización convertiría esta área de tu vida en más importante o interesante?

28

Forma y función deben estar coordinadas para obtener la máxima productividad

La diferencia entre las estructuras que apoyan y las que limitan es simplemente la adecuación a su finalidad. Las reuniones demasiado frecuentes para los objetivos que pretenden conseguir serán engorrosas y generarán inasistencia. Las organizaciones insuficientemente definidas para el crecimiento proyectado encontrarán cuellos de botella. La clave de la excelencia en el trabajo consiste en saber qué herramienta es mejor para cada tarea.

El Visionario y el Operario: una división personal del trabajo

Recientemente he caído en la cuenta de que hay dos actitudes claramente distintas que adopto internamente en mi vida: la del Visionario y la del Operario. Ambos piensan y actúan de formas distintas, y las cosas van mucho mejor cuando no confundo sus papeles y responsabilidades respectivas.

Sé desde hace años que cada individuo tiene una personalidad y un estilo de trabajo propios dentro de este continuo: hay pensadores *puros* que odian los detalles y los compromisos, y hay ejecutores que se sienten muy incómodos cuando se les pide que inventen algo o que tomen una decisión. Ahora tengo claro que ambos están presentes en mi comité interno.

Mi Visionario es alguien a quien le encanta dar un paseo bajo los robles sorbiendo una taza de té y dejándose llevar por la inspiración de nuevos proyectos y escenarios ideales. A veces incluso piensa estratégicamente. Mi Operario, en cambio, anda siempre atareado cogiendo algo de mi bandeja de entrada, decidiendo y realizando una acción sencilla que supone un avance concreto en la tarea que tiene delante. Mientras no entren en conflicto el uno con el otro, ambos están perfectamente.

> Una visión sin una tarea no es más que un sueño; una tarea sin una visión es un trabajo penoso; una visión y una tarea son la esperanza del mundo.
>
> Escrito en una iglesia de Sussex, Inglaterra, hacia 1730

Pero cuando estoy en modo Visionario y me pongo a pensar en cómo cerrar todos los asuntos que he ido abriendo y en la carga de trabajo que me he impuesto a mí mismo, me bloqueo y desarrollo resentimiento hacia todo. Y cuando estoy en modo Operario y permito que una voz interior me diga que *debería estar haciendo y pensando en cosas más importantes*, pierdo los ánimos y simplemente deseo quedarme con la mente en blanco.

He aquí el mejor modo de conseguir que funcione esta sociedad:

1. **Mi bandeja de entrada.** Cuando estoy en modo creativo, puedo limitarme a arrojar las ideas a un bloc de

notas o a la bandeja de entrada: es decir, derivarlo al *sistema*, delegarlo a *otra persona*. Mi Operario recogerá las ideas y preguntará «¿Cuál es la próxima acción?» y luego hará que ocurra algo.

2. **Mis listas de proyectos y de *algún día/tal vez*.** Son los estantes de trofeos del Visionario.
3. **Mi lista de próximas acciones.** Ofrece a mi Operario algunas *cosillas* que atender, y que le permiten sentirse rápidamente productivo y exitoso.
4. **La revisión semanal.** Es el momento de que el Visionario y el Operario celebren una reunión, en la que deberán tratar los asuntos con entusiasmo y espíritu de cooperación.

Por cierto...

- ¿Qué parte domina en ti, el Visionario o el Operario?
- ¿Qué podrías hacer para apoyar a la parte más débil?

29

Tu sistema debe ser mejor que tu mente para que tu mente pueda desconectar

No puedes engañar a tu mente. Es toda una experta en tu sistema actual de gestión personal, y sabe si cabe esperar que veas lo que debes ver en el momento adecuado. Sabe si has decidido cuál va a ser la próxima acción. Y sabe si hay un recordatorio de dicha acción situado en un lugar que realmente vas a consultar en el momento en que podrías emprender realmente esa acción. Si no has hecho nada de todo lo anterior, tu mente no te dejará en paz. No puede. No dejará de intentar recordarte todo lo que debes recordar. La mente es una servidora leal y solícita, pero se le deben asignar las tareas que hace bien, no aquéllas en las que es inepta.

¿Puede tu mente conservar su nuevo trabajo?

Sacar todo lo que llevas en la cabeza y tomar decisiones acerca de lo que significa para ti y acerca de lo que debes hacer para lograr progresos dará una tremenda libertad a tu mente. Todas las personas que lo hacen de manera sistemática sienten que su enfoque mental e intuitivo se aclara y se eleva, y que ven y experimentan las cosas desde una nueva y saludable perspectiva. Es como un globo de helio, que automáticamente se eleva cuando suelta las amarras. Surgen nuevas ideas, y dispone también de un punto de vista más ejecutivo para despachar todas las cuestiones que inevitablemente se plantean. La mente accede a un nuevo nivel de funcionamiento. Pero el ascenso a veces puede ser de corta duración.

> La preocupación constante e improductiva por todas las cosas que tenemos que hacer constituye el mayor dispendio de tiempo y energía.
>
> Kerry Gleeson

Una cosa es asignar un trabajo de mayor nivel a tu enfoque mental, y otra bien distinta que éste pueda conservar su nuevo trabajo. Tu mente sólo puede mantenerse en el nuevo horizonte si los niveles inferiores siguen siendo gestionados de manera efectiva. Realizar un trabajo inteligente proactivo (pensar, decidir y categorizar) y establecer un sistema de gestión personal bien organizado para gestionar los resultados es como contratar a un fabuloso asistente ejecutivo para ti solo, que te deje libre para hacer las cosas realmente importantes en las que quieres centrar tu atención. Pero si no se revisa y actualiza consistentemente dicho sistema, es como si tu asistente dejara el trabajo sin avisar y sin dejar sustituto. Al instante te ves arrastrado otra vez a preocupaciones como quién toma el teléfono, dónde están los billetes, qué reuniones tengo mañana, ¿volvimos a contactar con Sean en relación con aquella propuesta? Y no te contrataron para eso. Pero si ese nivel no está bien gestionado, no puedes *hacer* realmente aquello para lo que te contrataron, al menos no a un nivel de rendimiento máximo.

Una vez que todos tus proyectos y acciones relacionadas han sido clarificados y definidos, es preciso mantener dichas listas completas y actualizadas. Para conservar las ventajas de la claridad mental y de una mayor capacidad de respuesta, para mantener el equilibro y seguir concentrado en las auténticas oportunidades, es preciso que cuides y alimentes a tus sustitutos para los compromisos que siguen ahí: tus listas. La experiencia positiva desaparece si el sistema y el proceso que lo crearon se quedan desfasados, algo que puede ocurrir con gran rapidez. En pocos días (a veces horas), es preciso integrar nuevos *inputs*, contrastar e incorporar ciertos detalles, y atar algunos cabos que habrán quedado sueltos. Debes volver a la perfecta pulcritud anterior, en términos de lo que estás haciendo y de lo que *no* estás haciendo. Tu mente debe seguir comprometida con el sistema para trascender el nivel que el sistema gestiona.

> La tinta más desvaída es más clara que la memoria más orgullosa.
>
> Refrán chino

A lo largo de los años, hemos descubierto que lo que llamamos la revisión semanal —mantenerse al día con tus tareas de recopilación, procesamiento y organización— es el hábito más crucial para garantizar que ese control relajado se convierta en un estilo de vida en lugar de una experiencia excepcional. Parece haber algo en nuestra psique que encaja bien en un ciclo de siete días para nuestra vida laboral operativa. Cada siete días o así debemos interrumpir por un momento nuestras ocupaciones en los árboles para hacer un poco de gestión forestal: nada muy ambicioso, sólo en el nivel de los proyectos y de las actividades que tenemos ante nosotros para resolver en el próximo período corto de tiempo.

Esta clase de revisión funcional de *todo* lo que tenemos en danza no funciona por sí sola. Requiere disciplina de enfoque logístico para reservar entre una y dos horas al final de cada semana laboral para distanciarnos lo suficiente de las tareas cotidianas como para mantener el control sobre ellas. Pero la mayoría de las personas se comportan como si esta clase de revisión fuera una cosa extra, la clase de cosa que sería bueno hacer pero que no tengo tiempo de hacer. Lo que muchos no comprenden es que ése es el único modo de dejar de pensar en que deberías estar pensando en lo que deberías estar pensando. Es posible hacer callar a esa molesta parte de tu mente, pero para eso hay que dedicar entre una y dos horas semanales a realizar ese ejercicio durante el resto de tu vida.

Por cierto...

- ¿Cuándo fue la última vez que completaste una revisión total de tus proyectos y de todas tus acciones pendientes?
- ¿Qué podrías hacer para asegurarte de que lo haces más a menudo?

30

La capacidad de respuesta mejora la viabilidad

Cualquier cosa que pueda aumentar tu receptividad hacia aquello que te rodea, mejorar tu tiempo de respuesta y equilibrar tu sistema interno (eliminar respuestas erróneas por exceso o por defecto) te aportará una ventaja competitiva y mejorará tu rendimiento. La sensibilidad a los *inputs* combinada con la capacidad de adaptación a los cambios contribuye a la supervivencia de una especie, de un piloto de combate y también de una línea de producto.

La droga del desorden

> Las personas están solas porque construyen muros en lugar de puentes.
>
> W. E. Channing

La mayoría de drogas —ya sean farmacéuticas o recreativas— nos protegen temporalmente de la realidad. Hacen que perdamos sensibilidad a la invasión de cuerpos extraños (como las bacterias o los jefes). Un montón de temas pendientes sin revisar puede cumplir fácilmente la misma función.

> Benditos los flexibles, porque no se torcerán.
>
> Dr. Michael McGriffy

Una manera de poner sordina a tu relación con el mundo es permitir que una gran cantidad de cuestiones irresueltas se amontonen a tu alrededor hasta levantar una fortaleza. Cualquier *input* procedente del exterior deberá abrirse camino a partir de entonces entre barricadas de papeles, centenares de correos electrónicos, montañas de información y compromisos extraviados. El síndrome se refuerza a sí mismo. A medida que aumenta el desorden, genera cada vez más rincones donde arrojar y olvidar las cuestiones desagradables o exigentes. Y no siempre es una situación embarazosa: *tremendamente ocupado* puede parecer sinónimo de *importante* dentro de la oficina.

> Si nuestro entorno de trabajo resulta fácilmente comprensible, incluso para los extraños... también vuelve más fácil recibir consejos de todos.
>
> Kio Suzaki

Es bueno conseguir algo de protección frente a los asaltos de nuestra vida y de nuestro trabajo. Pero las drogas generan adicciones y respuestas artificiales, y pueden convertirse en hábitos difíciles de romper. Incluso cuando las personas deciden *desengancharse*, es decir, poner orden en su entorno tanto interno como externo, la nueva experiencia generará en ellas un sentimiento de vulnerabilidad que les resultará seguramente difícil de llevar. Pregúntale a cualquiera que haya pasado el mono. Quedarse sin ninguna excusa sutil para no responder a las transacciones de la vida y del trabajo puede hacer que te sientas desnudo, al menos hasta que te acostumbres a ello.

Pero también puedes poner orden en tus asuntos y acostumbrarte a ello. A partir de entonces, dejar que las cosas se queden ahí sin procesar puede resultar más incómodo para ti que darles respuesta. Tal vez eso pueda convertirse en una adicción, pero en todo caso es una adicción que genera consecuencias más saludables y productivas.

> El problema no es nunca cómo lograr que surjan en tu mente pensamientos nuevos e innovadores, sino cómo expulsar de ella a los viejos. Cualquier mente es un edificio lleno de mobiliario arcaico. Limpia aunque sólo sea un rincón de tu mente y la creatividad volverá a llenarlo al instante.
>
> DEE HOCK

Aquellos que hemos dedicado miles de horas a ayudar a las personas a adoptar un modelo personal de toma de decisiones más sistemático y receptivo hemos sido testigos de mejoras espectaculares en equipos y en culturas organizativas enteras. Lo conseguimos a base de trabajar individualmente con cada una de las personas implicadas. La mayoría de los problemas que los directivos creen que deben resolver recurriendo a ejercicios de *integración de equipo* simplemente desaparecen porque el sistema nervioso del organismo se ha vuelto más refinado. Se ha desplazado más arriba en la cadena trófica.

Por cierto...

- ¿Hay algo en tu entorno que estés eludiendo abordar? ¿Qué esfuerzo requeriría hacerlo?
- ¿Cuál es el medio en el que más confía la gente para comunicarse contigo? ¿Por qué?

31

Tu sistema es tan bueno como su eslabón más débil

El valor de un sistema de gestión personal reside en su capacidad de liberar recursos para un trabajo mejor y de mayor nivel, gracias a la seguridad que aporta a la psique. Pero ningún sistema es realmente efectivo si contiene alguna inconsistencia. El comandante siempre tendrá que ocupar personalmente el puesto que ha quedado vacante. Si nadie ha recibido el encargo de limpiar los lavabos, al final tendrá que hacerlo el consejero delegado. Un sistema no alivia ningún estrés a menos que realice tu trabajo al cien por cien. Y aunque resulta fácil imaginar sistemas en un seminario, en el terreno de los conceptos o en el del software, la cuestión es cómo funcionarán cuando estés con gripe y te encuentres fatal. Los auténticos sistemas deben ser lo bastante sólidos como para aguantar en las condiciones más adversas: cuando menos estemos en disposición de mantenerlos.

¿Cómo funcionan tus conexiones?

Las organizaciones tienen nervios y sistemas nerviosos centrales que son siempre el reflejo de su eslabón más débil. Si un miembro de un equipo no responde a los e-mails durante dos semanas, la receptividad y la eficiencia de todo el grupo se verá reducida. Si todo el mundo atiende a sus comunicaciones en pocas horas, el resultado es habitualmente una elevada productividad. La gente se queja a menudo de la gran cantidad de correos aparentemente inútiles que recibe de su organización, pero quienes se quejan son habitualmente los que peor uso hacen de estos correos. La apatía en el sistema genera más apatía en el sistema.

Las interacciones con el entorno se vuelven lentas y difíciles. Los demás se ven obligados a elevar el volumen de sus comunicaciones para superar esos obstáculos. Este aumento de la urgencia y del volumen de las comunicaciones (a menudo indebido) genera una atmósfera reactiva y la cultura comienza a entrar en tensión. Las organizaciones se vuelven simultáneamente apáticas e hiperactivas. Propuestas estratégicas cruciales cruzan el pantano en una dirección, pero no en la otra. Los mensajes sin sentido circulan libremente sin consecuencia ninguna, y la mentalidad de la urgencia embota todas las comunicaciones.

> El auténtico reto es convertir la comunicación en una herramienta práctica y útil. Entonces es probable que comiences a usarla sin pensarlo.
>
> MAX DEPREE

En el otro extremo de la ecuación están los individuos y los equipos que procesan regularmente su correo y otras comunicaciones. De este modo pasan a tratar con problemas mucho más maduros. Son hábiles despachando rápidamente los mensajes, ya sean importantes o no. Lo más interesante es que no parecen tener la impresión de recibir tanto material irrelevante. Con su comportamiento han generado un aura de receptividad proactiva ante la red con la que están conectados. Cuando la gente sabe que prestas atención a lo que envía, no puede evitar estar más atenta a la calidad y pertinencia de sus mensajes. En cualquier relación, cuando el ciclo de mensaje y respuesta se acorta se genera una situación mucho más sana y productiva. Se vuelve más refinada, en el mejor sentido de la palabra.

Cuando eso ocurre en el seno de una cultura organizativa (familias incluidas), todos los sistemas quedan afectados de manera positiva. La capacidad de respuesta inmediata combinada con una receptividad aumentada, pero equilibrada, acorta todos los ciclos de comunicación y de toma de decisiones. Ya no hay cortocircuitos ni plomos fundidos. Los contenidos irrelevantes o tóxicos resultan inmediatamente patentes y no encuentran terreno propicio para perpetuarse.

> Nada es tan contagioso como el ejemplo. Nunca hacemos ningún bien ni ningún mal relevante sin generar más de lo mismo en los demás.
>
> François de la Rochefoucauld

En nuestro trabajo, cuando formamos a todos los miembros de un grupo en el proceso de gestión del flujo de trabajo, les enseñamos a crear una respuesta *ahora*, de manera que puedan dejar de pensar en qué deberían pensar. No hacer nada no es sólo un derroche de energía: a menudo supone también entrar en una pendiente negativa, marcada por un estrés y una complicación innecesarias. Nosotros les mostramos hasta qué punto es mejor una acción consciente que una reacción inconsciente. No se trata de promover reacciones automáticas; no se elimina la reflexión en las comunicaciones, más bien se potencia y se refina. Puesto que la interacción se produce *antes* de que las cuestiones entren en modalidad de crisis, es más ponderada y proactiva. De este modo desaparece el trabajo atrasado, se instauran sistemas claros y se practica una toma de decisiones consciente.

Hay un aumento tangible de la cooperación y de la calidad de las comunicaciones. Y todo lo que hemos hecho es instalar mejores conexiones y cambiar las bujías. El sistema no elimina los problemas ni los desafíos: simplemente hace que se adviertan mucho antes y que puedan ser negociados con más facilidad y buen tino.

Por cierto...

- ¿Dónde está el cuello de botella en tu flujo de trabajo personal? ¿Cuál es tu comunicación más antigua sin respuesta? ¿Qué podrías hacer en este momento para desencallarla?
- ¿Qué listas o estructuras que acostumbras a gestionar por ti mismo están incompletas? ¿Cómo podrías completarlas?
- ¿Dónde está el cuello de botella en tu grupo de trabajo (o en tu familia), en términos de productividad? ¿Qué podrías hacer para mejorarlo?

32

La efectividad de tu sistema es inversamente proporcional a la atención que le dedicas

Cuando tienes que estar pendiente de tu sistema, desvías una energía que podría servir para producir con tu sistema. El objetivo de implementar, cambiar o potenciar un sistema es conseguir que éste vuelva a desaparecer de tu mente tan pronto como sea posible.

El éxito de un sistema: el funcionamiento silencioso

> Debo crear un sistema propio, o ser esclavo del de otro hombre.
>
> William Blake

Cuanto mejores sean tus sistemas, menos cuenta te darás de que los tienes. Cuanta menos atención les dediques, más funcionales serán. Sólo les prestarás atención cuando no funcionen o cuando estés demasiado pendiente del uso que haces de ellos. Lo que quieres es estar trabajando, haciendo, pensando, creando y resolviendo cosas, no pensando en cómo lo haces. Quieres disfrutar de un paseo en coche por el campo sin pensar en la marcha que debes poner o en cómo funciona el aire acondicionado.

Crear sistemas que funcionen silenciosamente es a menudo la mayor oportunidad de mejora en la productividad. Nueve de cada diez veces en las que un sistema no funciona es porque requiere *demasiado* trabajo. La mayor parte del equipo y del software de organización que se ha vendido en los últimos veinticinco años es válido desde un punto de vista conceptual, pero no es tan rápido como aquello que la gente debe coordinar con su ayuda. Cuando aumenta el volumen y la velocidad de lo que es necesario gestionar, el sistema comenzará a hacer aguas si ha sido mal diseñado o si los hábitos del operador no están en modo *automático*.

> Las cadenas que nos atan más fuertemente son las que hemos roto.
>
> ANTONIO PORCHIA

Un ejemplo de un sistema mal diseñado es un archivo de referencia que agrupa documentos en archivadores colgantes etiquetados. Cualquier aumento de volumen y velocidad lo echará por el suelo. Al final hay una montaña de información que debería estar ahí, pero que simplemente no está. Nadie quiere poner nada en unos archivadores complicados y atestados de cosas. Es mejor etiquetar todos los documentos (no los archivadores) y poner un documento por archivador (o incluso mejor si no hay archivadores). Otro ejemplo de un cuello de botella sistémico es usar el ratón del ordenador para hacer cosas que las teclas de función pueden hacer cuatro veces más deprisa. A menudo vemos a profesionales sofisticados interrumpir su proceso de reflexión y comunicación constructiva porque les cuesta demasiado esfuerzo consciente abrir, dirigir, escribir y enviar un correo electrónico.

Debes crear por ti mismo un sistema de gestión del flujo de trabajo que te resulte cómodo y automático. Necesitas definir tu propio *campamento base*, discreto y exclusivo, y poner todas tus herramientas y prácticas de procesamiento del trabajo en modo automático. No quieres tener que ordenar todas tus herramientas de procesamiento cada vez que te sientas a trabajar. He trabajado fuera de mi oficina 250 días al año durante los últimos veinte años, y puedo trabajar razonablemente bien en un espacio de trabajo virtual. Pero trabajo mucho mejor en *mi* oficina, con *mi* escritorio, *mis* archivos y *mis* herramientas a mano. Sin interrupciones. Porque me gusta poder moverme con la máxima eficiencia, sin resistencia ni residuo.

Por cierto...

- ¿Qué procedimientos has creado que funcionan porque ya no piensas en ellos, sino que sólo los usas?
- ¿En qué partes de tus sistemas debes seguir pensando? ¿Qué podrías hacer para ponerlos más en modo *automático*?
- ¿Cómo es tu espacio de trabajo en casa? ¿Qué podrías hacer para que tu sala de control o cabina de pilotaje fuera más funcional?

33

La función sigue a la forma

En muchos sentidos, crear el contexto y la estructura adecuados garantiza el rendimiento y la producción. La forma a menudo activa un enfoque que luego alimenta la intención, y ésta a su vez una energía y un contenido creativos. Si quieres hacer deporte, ponte el equipo adecuado. Si quieres escribir un libro, piensa en un título y arranca tu procesador de textos. ¿Quieres que algún tema avance en el trabajo? Ponlo sobre la mesa y convoca la reunión. Sienta las bases, y el resto vendrá solo.

¿Se pega algo en tu olla?

> Lanza tu corazón por encima de la valla, y el resto irá detrás.
>
> Norman Vincent Peale

Este artículo aborda un nivel de aplicación de nuestras metodologías que francamente pocas personas han llegado a probar. Pero resulta tan fácil e inmediatamente accesible, y es tan potencialmente beneficioso para la calidad de vida, que me siento obligado a recordarlo una vez más.

¿Qué ocurriría si pudieras estar seguro de que estás removiendo todas las partes de la olla que lo necesitan? Me explicaré. Además de los centenares de cosas básicas de las que te haces responsable cada día, existen en tu vida muchos niveles de expresión, interés y atención que pueden aportar una gran riqueza y profundidad a tu experiencia. Pero naturalmente eso sólo ocurrirá si les prestas atención. Tus hijos, tu red de amistades, tu gusto por la cocina, tu colección de monedas y tu *swing* de golf. Tus inversiones, tu pasión por los viajes, tus ideas alocadas. Tus citas favoritas, tus afirmaciones personales, tu debilidad por Mozart y tus sueños para el futuro.

> El hombre no es producto de las circunstancias. Las circunstancias son producto de los hombres.
>
> BENJAMIN DISRAELI

Todas estas cosas y muchísimas más poseen una cierta fascinación para ti, están ahí ahora mismo, esperando a que te sientes a jugar en su mesa. Todo lo que tienes que hacer es entrar en la partida, y eso puedes hacerlo en pocos segundos. Pero si eres como yo, te olvidas de hacerlo.

Olvido atender a mis amigos. Olvido pensar en hacer regalos inesperados. Olvido divertirme, lo creas o no. Olvido todas las cosas constructivas que puedo hacer la semana que viene en la oficina desde mi posición. Olvido millones de cosas que sería magnífico hacer una lluviosa tarde de sábado. Y sí, me olvido de soñar.

> La vida es una serie de locuras inspiradas. Lo difícil es encontrarlas. Nunca dejes pasar una oportunidad, no aparecen todos los días.
>
> GEORGE BERNARD SHAW

De modo que pongo recordatorios en mi sistema de gestión personal, y luego los reviso semanalmente. Conozco a pocas personas que entiendan realmente el poder de esta revisión semanal básica. Es como tener el cinturón negro en gestión personal para el siglo XXI: aclararte sistemáticamente la mente, identificar los resultados y las acciones, organizar y actualizar listas, todo ello para mantener la mente despejada y una actitud proactiva. Menos personas aún han ido más allá del cinturón negro (pues el cinturón negro de primer nivel es sólo el principio en realidad): todavía no han aprendido a preparar *listas de control* creativas.

Adopta el hábito de la revisión semanal. Luego incorpora a esa revisión todas las listas que podrían inspirar algún pensamiento valioso que podría añadir valor a tu vida. No dejes que las cosas se queden pegadas en el fondo de la olla.

Por cierto...

- ¿Qué áreas de tu vida has desatendido más de lo que desearías? ¿Cómo podrías crear un recordatorio para pensar en ellas de modo más consistente?
- ¿Qué reunión querrías convocar sólo para hacer que las cosas se muevan?

34

No puedes ganar en un juego que aún no has definido

Los juegos sólo son divertidos cuando tienes muy claro cuál es el objetivo. La idea de jugar al fútbol sólo se hace realidad cuando hay un terreno de juego y una portería al final. Y la actividad de darle patadas al balón se ve máximamente estimulada por el conocimiento exacto del lugar adonde quieres enviarlo. El juego del trabajo requiere las mismas demarcaciones y direcciones.

La temible zona pantanosa que separa el pensar del hacer

> El propio trabajo te enseñará cómo hacerlo.
>
> Proverbio estonio

Peter Drucker dijo que la tarea más importante del trabajo inteligente consiste en *definir tu trabajo*. Pues bien, yo he descubierto que los principales obstáculos para definir tu trabajo son: 1) pensar en lo que estás haciendo, y 2) hacer algo acerca de lo que estás pensando.

No son hábitos fáciles de adquirir. La gente acostumbra a estar ocupada en toda clase de actividades sin definir claramente sus objetivos operativos, y tienden a pensar y hablar acerca de muchas ideas y posibilidades sin llegar a traducirlas nunca en resultados físicos.

Ambos desafíos quedan reunidos en la tarea de definir y gestionar adecuadamente una lista completa y real de proyectos. Defino *proyecto* como un resultado con el que estás comprometido y que requiere más de una acción para su cumplimiento. Desde mi punto de vista, tanto conseguir una lámpara nueva para mi escritorio como comprar la empresa son proyectos. Y de acuerdo con esta definición es probable que tengas entre treinta y cien proyectos en este instante. El problema no es que los tengas, sino que probablemente no sepas muy bien si los tienes.

> La capacidad de convertir ideas en cosas es el secreto del éxito material.
>
> HENRY WARD BEECHER

La gente se resiste inconscientemente a crear listas de proyectos, y sin embargo son la clave para mantener cotidianamente un control relajado sobre tu vida y tu trabajo. Son la piedra angular de la revisión semanal, la cual es a su vez y según mi experiencia la actividad más importante para gestionar las inagotables posibilidades que ofrece la focalización.

Por un lado, algunas personas son altamente visionarias y conceptuales en su manera de enfocar su trabajo. Sus mentes están llenas de grandes iniciativas, como entrar en el mercado europeo, evitar un incendio en la oficina, reestructurar el equipo de dirección o reforzar las relaciones con un cliente o con un socio estratégico. A menudo tienen problemas para entender lo que queremos decir cuando les preguntamos: «¿Qué proyecto o proyectos van asociados a esa cuestión?». Para ellos, el desafío consiste en decidir qué es lo que debe ocurrir para que se cumplan esas grandes metas. Cuando trabajamos con personas de este perfil, a menudo tenemos que comenzar en el nivel de la visión o de las *áreas de focalización* e irlos empujando hasta llegar a los proyectos por definir. Deben pasar de *cambiar cultura corporativa* a *buscar consultoría de gestión del cambio* e integrar *eso* a su vez en su lista de proyectos. Pero lo evitan como la peste.

Por otro lado, hay gente que tiene toneladas de llamadas, correos electrónicos, entrevistas, reuniones y encargos, pero no han clarificado con precisión todos los resultados operacionales hacia los que se orienta buena parte de esta actividad, de modo que no pueden completarla de modo efectivo. Formarlos significa a menudo examinar todas sus listas de próximas acciones y determinar los proyectos de las que surgen. Su nota junto al teléfono: «Llamar a Bob Smith: consultar propuesta» debería ir asociada a *buscar consultoría de gestión del cambio* en su lista de proyectos. Pero ellos también lo evitan como la peste.

> Cuando te están comiendo vivo los cocodrilos, es difícil recordar que habías ido a drenar la ciénaga.
>
> George Napper

Y, sin embargo, ¡qué alivio experimentan todas estas personas cuando finalmente preparan esas listas! Una lista completa y bien definida de proyectos, actualizada y revisada al menos semanalmente, es la clave para una productividad sin estrés. Y la mayoría de las personas que encontramos siguen sin tenerla. Tal vez sea porque realmente funciona.

Por cierto...

- ¿Tienes una lista de todos tus proyectos? ¿Cuándo podrías tomarte media hora para prepararla?
- ¿Qué situación ha surgido en los últimos días que te has comprometido a resolver o terminar? ¿Está en tu lista?

35

Siempre que hay dos o más responsables de algo, lo más probable es que no haya ninguno

Cuando la responsabilidad de una acción está repartida entre varios, el descontento creativo por los progresos se ve a menudo amortiguado y la percepción de los detalles relevantes embotada. La responsabilidad compartida sólo funciona cuando al menos una de las personas asume una responsabilidad total. Un barco sólo puede tener un patrón en cada momento.

El comité interior

> Si tuvieras que resumir, en una sola palabra, la razón de que la humanidad no haya desarrollado todo su potencial, ni vaya a desarrollarlo nunca, esa palabra sería: *reuniones*.
>
> Dave Barry

A veces me meto en problemas. Como participante en el juego de la vida y del trabajo, doy por supuesto que mi equipo de gestión personal está integrado por una sola persona. Pero, desgraciadamente, soy un comité.

En realidad lo que ocurre es que *tengo* un comité, pero

éste a menudo actúa como si estuviera al mando. Y debo sufrir entonces en carne propia la mala fortuna que acompaña a los comités. Cada miembro de mi comité interno da lecciones a los demás cuando le toca el turno de hablar, y a menudo ninguno acepta la responsabilidad por lo que ocurre (o no ocurre) como consecuencia de la falta de consenso o liderazgo. Partes de mí se sienten atraídas por toda clase de cosas que parecen tremendamente importantes cuando centro mi atención en ellas pero que (desde una perspectiva más amplia) se revelan asombrosamente irrelevantes o directamente perjudiciales para el bienestar de la organización en su conjunto. Y es tan fácil decir (desde un punto de vista convenientemente escogido): «¡No era responsabilidad *mía*! ¡Lo hicieron *ellos*!».

O bien decir: «Ellos *no* lo hicieron», lo que probablemente se acerque más a la realidad.

> Para hacer algo, un comité no debería estar integrado por más de tres personas, dos de ellas ausentes.
>
> ROBERT COPELAND

Si pudiera conseguir que mi comité de gestión interna llegara a un consenso —o callara la boca—, probablemente no sufriría nunca estrés. La diferencia de puntos de vista o de perspectivas puede resultar valiosa, pero es problemática cuando asigno a todos ellos la misma autoridad y responsabilidad. El problema surge cuando la Parte A dice: «Haz X», y la Parte B dice: «Haz Y». Luego ocurre X, y la Parte B se subleva. O bien ocurre Y, y la Parte A se siente entonces abandonada y deprimida.

Por fortuna, hay un director. El reto es conseguir que se presente en la mesa de reuniones en el momento exacto para asumir su función de análisis de alto nivel, de toma inteligente de decisiones y de garantía de una implementación adecuada. Cuando abdica de estas responsabilidades, mi empresa corre peligro.

> Si todo el mundo se ocupara de sus asuntos —dijo la duquesa, con voz hosca—, el mundo giraría mucho más deprisa.
>
> LEWIS CARROLL

Una implementación adecuada: ¡he aquí mi mayor problema estratégico! Si pudiera estar seguro de que esa parte de mí que no es tan lista (pero sí altamente energética) pudiera ser domada y disciplinada para que hiciera o dejara de hacer las cosas que la parte inteligente de mí ha concluido que son las mejores para el éxito del plan: ¡Uau! El cielo en la tierra. Pero lograr que todos los recursos físicos y materiales se cuadren y avancen en formación en la dirección adecuada, haciendo las cosas que realmente deben hacerse y de forma sistemática: ése es el auténtico reto.

Uno de los trucos que he aprendido y al que continuamente debo recurrir para lograrlo consiste en establecer una estructura organizativa diseñada para equilibrar las fuerzas de cada miembro de mi comité. Necesito que las partes adecuadas de mí realicen la clase de trabajos que deben hacer, que desempeñen la función que les es propia, e instalar un sistema para que todo siga así.

> Un comité puede tomar una decisión más estúpida que cualquiera de sus miembros por separado.
>
> DAVID COBLITZ

No necesito más disciplina. Necesito un enfoque disciplinado. La parte creativa, activa y energética de mí necesita algo que *hacer*, alguna cosa que esté en condiciones de hacer y *resolver* ahora mismo con éxito. La parte inteligente, sensible y atenta necesita el margen de maniobra adecuado para integrar y expresar la visión y los valores más ambiciosos que llevo dentro. Y debo desarrollar los sistemas y las conductas enfocadas necesarios para traducirlos en próximas acciones y en realidades físicas. En esto consiste el desarrollo organizativo, partiendo desde dentro.

Por cierto...

- ¿Quién es el rebelde en tu comité interno?
- ¿Qué clase de foro puedes establecer para garantizar que tu director esté al mando?

36

Cultiva tus principios en lugar de fiscalizar tus prácticas

Las reglas surgen normalmente por falta de claridad o de confianza en los principios. Cuando sabes que alguien está comprometido con unos principios, puedes darle libertad de decisión y de comportamiento. Si no existe este compromiso, debes controlarlo con regulaciones detalladas, lo que a la larga supone un gasto mucho mayor de energía.

Das lo mejor de ti cuando...

> La gente debería saber qué estás dispuesto a defender. También debería saber qué no estás dispuesto a defender.
>
> Autor desconocido

¿Cómo haces las cosas, cuando las haces lo mejor que puedes? ¿Cómo las hace tu grupo de trabajo, cuando las hace lo mejor que puede? ¿O tu junta? ¿O tu relación más importante?

Resulta difícil pensar en aplicaciones reales del noble consejo de los expertos: «Céntrate en los valores». Haz lo siguiente: titula una página *Damos lo mejor de nosotros cuando*... y sigue escribiendo mientras tengas algo que escribir. Asegúrate de que es la verdad y que la expresas tan bien como sabes. Luego compártelo con la persona adecuada.

Últimamente he estado practicando esa clase de reflexión de calidad acerca de cómo trabajo, cómo me gusta trabajar y cómo quiero trabajar: mis valores, mis principios y mis criterios. El año pasado comenzamos a incorporar personas a nuestro equipo. Durante un largo viaje en avión con mi esposa, antes de una reunión con el grupo, realizamos el ejercicio con nosotros mismos. No habiendo nadie más que nosotros dos en nuestro negocio hasta entonces, no habíamos tenido mucha necesidad de reflexionar sobre los principios de nuestra empresa. Claramente había muchos principios compartidos detrás de nuestra forma de vivir y trabajar en estrecha relación durante la última década. Nada fuera de lo normal. Pero ahora teníamos que incorporar a otras personas en nuestra alegre compañía. No queríamos darles ninguna sorpresa más adelante acerca de nuestras prioridades en el trabajo, ni viceversa.

> Los principios y los fines claros y simples generan un comportamiento complejo e inteligente. Las regulaciones y las reglas complejas dan pie a un comportamiento simple y estúpido.
>
> DEE HOCK

Yo también he cometido el error (más veces de las que me gusta admitir) de evitar conversaciones levemente incómodas con otras personas al principio y luego tener que soportar conversaciones mucho más desagradables al final. Una gran fuente de estrés en las relaciones personales y profesionales son los desajustes entre principios de los que no se es consciente en el momento de llegar a los primeros acuerdos. Por desgracia, generalmente sólo nos volvemos conscientes de nuestras expectativas respecto al comportamiento de los demás cuando se ven defraudadas.

> No todo lo que puede contarse cuenta, y no todo lo que cuenta puede contarse.
>
> ALBERT EINSTEIN

El equipo de mi empresa no ha dejado de crecer desde entonces, y hemos dedicado los últimos meses a definir y expresar abiertamente nuestros valores colectivos. Hemos identificado más de veinte, de los que compartiré sólo unos pocos:

- Nos exigimos siempre ser ambiciosos en aquello que hacemos.
- En nuestras interacciones diarias, nos mueve la curiosidad en lugar del control.
- Todos tenemos derecho a explorar, expresar y luego pasar página.
- Apoyamos la asunción de riesgos consciente y creativa.
- Somos respetuosos y amables.

Como grupo, nos hemos exigido cumplir con estos valores. Nos hemos planteado preguntas a propósito de cada uno de ellos: ¿estamos cumpliendo con este principio? ¿En qué sentido no lo hacemos? ¿Cómo podríamos mejorar? Un ejemplo de ello sería...

Los *principios de la empresa* muchas veces son sólo un discurso edulcorado sin demasiada relación con el mundo real y cotidiano. A menos que sean realmente tus principios.

Por cierto...

- ¿Has elaborado una lista de los principios de acuerdo con los cuales quieres vivir y trabajar? ¿Con quién la compartirías?
- ¿Quién te saca de quicio? ¿Por qué? ¿Cuál de tus principios resulta violado por el comportamiento de esa persona?

37

Usa tu mente para pensar sobre tu trabajo, en lugar de pensar en tu trabajo

Tu mente no es demasiado buena recordando cosas, en comparación con lo que puede hacer un buen sistema. Lo que sí hace bien es revisar las opciones y la información disponible para resolver el *cómo* de cada cosa. Pero no está libre para hacer eso si está tratando de recordar cosas. Sin un sistema fiable, se ve obligada a trabajar en un nivel inferior del que debería y se convierte en un recurso desaprovechado.

¿Es informe la forma?

> Un maestro demuestra serlo sobre todo por los límites que se impone a sí mismo.
>
> Johann Goethe

Hay una cuestión relacionada con la forma que me intriga. Antes de tenerla, vas a tientas. En cuanto la tienes, la trasciendes. Hay sólo un antes y un después. Nunca eres sólo forma.

Hay una forma de conducir un coche. Antes de dominarla, estás concentrado en cómo hacerlo. En cuanto sabes cómo hacerlo, usas esa forma para ir a algún lugar, te expresas explorando y socializando en la carretera. Nunca estás simplemente conduciendo un coche.

En karate practiqué unas cuantas formas o katas: son un conjunto de movimientos estilizados que definen una serie de reacciones muy específicas ante dos o más adversarios imaginarios. Aprenderlos requiere una intensa concentración y disciplina. En cuanto los has aprendido, la forma es el espacio dentro del cual mejoras constantemente tu concentración, velocidad y precisión. Nunca estás realizando simplemente un kata. Un cinturón negro que es atacado en un callejón oscuro no repite nunca *la forma*. Nunca es tan bonito ni tan limpio. Pero hace lo que hace con una concentración, una rapidez y una precisión que nunca habría adquirido de otro modo.

> Cuando aceptas tu propia muerte, te vuelves libre para vivir. Ya no te preocupas por tu reputación. Ya sólo te preocupas de usar tácticamente tu vida, para promover una causa en la que crees.
>
> SAUL ALINSKY

Hay una forma también para dominar el trabajo. Recopilas, procesas, organizas y revisas, escogiendo siempre tus acciones en función de lo que *puedes* hacer en el momento y lo que quieres conseguir o conservar (tu trabajo). Hasta que no consigas la forma, irás a remolque de tu trabajo. En cuanto la consigas, estarás en condiciones de ampliar tu receptividad y tu expresión de aquello en que consiste realmente tu trabajo.

Forma. No puedes hacer nada sin ella. Hasta que puedes hacerlo, sin ella.

Por cierto...

- ¿Qué le sigues pidiendo a tu mente que recuerde? ¿Cómo podrías ahorrarle esa tarea?
- ¿Qué disciplina o estructura necesitas completar o instalar con el fin de estar libre para un pensamiento de nivel superior?

38

Tus pensamientos son más valiosos de lo que crees

Tal vez tus ideas no parezcan valiosas de manera inmediata y evidente, pero muchas de ellas contienen el germen de algo que podría llegar a ser extremadamente útil. Tal vez simplemente no puedas verlo aún. Date la libertad de recoger toda clase de ideas para luego revaluarlas. Convierte la toma informal de notas en un hábito, ya sea al recibir *inputs* de otras personas —reuniones, conversaciones, mensajes de voz— o al ensayar una lluvia de ideas por tu cuenta. Establece una clara distinción entre la recopilación, el procesamiento y la organización, y date permiso para recoger cualquier idea sin censura ni análisis. Los psicólogos lo llaman *cognición distribuida*. Es una práctica que aportará una gran fuente de creatividad a tu trabajo y a tu vida.

La libertad y el disfrute de la forma

Buena parte de lo que he descubierto acerca de la productividad y de la organización personal parece obedecer a un cierto ritmo cósmico. Se ha convertido para mí en un extraño punto de encuentro entre lo sublime y lo mundano. La razón de que haya terminado tan enamorado de mi bandeja de entrada no es ningún fetichismo pervertidillo por las bandejas de plástico de oficina; es que me permite expresar, crear y capturar cosas con gran libertad y luego procesarlo todo hasta convertirlo en algo coherente. Lo uno no es posible sin lo otro.

> Ningún gran invento comenzó siendo un plan de negocio.
>
> Autor desconocido

La razón de que encuentre tanta satisfacción en mi suave y fluido bolígrafo y en un pulcro bloc de notas en blanco es la espontaneidad que introducen en mi confusa actividad de buscar ideas, diseñar planes y tomar notas. Estoy convencido de que las ideas pasarán luego por un proceso de digestión que revelará en ellas un valor que todavía no puedo ver.

> Las principales herramientas que se necesitan en la cultura moderna son saber cómo inventar cosas y saber cómo descubrir cosas. Éstas son dos de las formas de la creatividad. Se llaman imaginación y solución de problemas.
>
> Steven Snyder

Me encanta la combinación *high-tech/high-touch* de escribir notas a mano y luego integrarlas y procesarlas por ordenador. A menudo trabajo con personas que tratan de encontrar la manera de usar sólo lo uno o sólo lo otro: papel u ordenador. He descubierto que usar los dos aumenta la utilidad y el valor de ambos. Me encanta saber que he tirado a la basura miles de cosas escritas en blocs de notas de hotel, por sólo unas pocas que han superado el test del escrutinio posterior (¡y no siempre ha sido culpa del vino de la noche anterior!).

> La mejor forma de tener una buena idea es tener muchas ideas.
>
> LINUS PAULING

Mi vida y mi trabajo parecen seguir un ritmo parecido, pero a mayor escala. Sigo ciclos de entre seis y doce meses durante los cuales desarrollo como loco nuevos proyectos y cosas por hacer. Mis listas se parecen a mis ciruelos en verano, cuando están tan cargados de fruta madura que tenemos que salir corriendo cada día para recoger la que está a punto de caer. Luego dedico los siguientes seis o doce meses a la tarea de redondear, organizar y desarrollar las ideas para recuperar cierto control.

Expansión y contracción. Creación y compleción. Hemisferio derecho, hemisferio izquierdo. Yin y yang. Cuanto más buscamos el equilibrio entre esas polaridades, más productivos somos. Asegúrate de que te permites usar todas las herramientas necesarias para llevar a cabo este proceso.

> Una pregunta tonta es el mejor estímulo para un avance totalmente nuevo.
>
> ALFRED NORTH WHITEHEAD

Y añade a todo ello una interacción aún más sutil: en tu expansión descubres nuevas formas de orden. La disciplina te permite desvelar lo infinito. Pregúntale a un buen jardinero. Exprésate con libertad, y surgirá una dirección. Aplícate de manera concentrada, y florecerá la creatividad.

Estimulante, ¿verdad?

Por cierto...

- ¿Sobre qué asunto podrías realizar una lluvia de ideas ahora mismo? ¿Qué te parecería tener una idea totalmente nueva?
- ¿Dónde y cuándo es más probable que se te ocurran ideas casuales pero potencialmente útiles? ¿Tienes algún lugar en el que te sea fácil registrarlas?
- ¿Cuál es tu instrumento de escritura preferido? ¿Dónde está? ¿Qué podrías hacer para tenerlo siempre a mano?

39

La necesidad de organizarse y de hacer planes es inversamente proporcional a los recursos que crees tener

Si dispusieras de todo el tiempo, el dinero y la energía del mundo, ¿por qué habrías de preocuparte por organizarlos? Sólo tendrías que dejarte llevar y esperar a que las cosas se presentaran solas, o simplemente ir adquiriendo las cosas a medida que fueras pensando en ellas. Sólo cuando debes tomar decisiones sobre la aplicación de unos recursos limitados, surge la auténtica necesidad de ser eficiente y clarificar objetivos. Las empresas más eficientes (y más creativas) serán aquellas cuya realidad actual esté más lejos de su visión. Las personas más eficientes serán aquellas que posean menos en relación con los compromisos adquiridos.

¿Por qué a la especie humana le cuesta tanto evolucionar?

> Dios perdona a quienes inventan lo que necesitan.
>
> Lillian Hellman

He descubierto la razón de que la humanidad no esté mucho mejor de lo que está, después de tanto tiempo. La razón es que a menudo lo que más deberíamos hacer es lo que más queremos evitar.

A menudo, la última cosa en el mundo que nos sentimos inclinados a hacer es exactamente la que más contribuiría a mejorar nuestra situación. Cuando más necesitas hacer planes es a menudo cuando piensas que no tienes tiempo de hacerlos. Cuando más necesitas organizarte es a menudo cuando menos te parece que puedes permitirte una pausa para hacerlo. Cuando estás deprimido, la gente feliz es la que más te irrita.

> Siempre que estoy tranquilo y me encuentro bien, no puedo evitar sentirme frívolo.
>
> Mark Twain

Piénsalo un momento. ¿Qué ocurriría si cada vez que fueras a endeudarte demasiado, te entraran ganas de ahorrar? ¿Qué ocurriría si cada vez que un proyecto o una situación te causara estrés, experimentaras una necesidad incontrolable de parar un momento, meterte en una sala de reuniones con otras dos personas clave durante una hora, y redefinir el enfoque, la táctica y las próximas acciones en relación con este asunto? ¿Qué ocurriría si cada vez que comenzaras a perder los estribos, te sintieras impulsado a tomar aliento, recuperar el equilibrio emocional y cambiar tu perspectiva hacia un punto de vista más positivo? ¿Qué ocurriría si cada vez que estuvieras agobiado por todo lo que tienes que hacer, tu impulso espontáneo fuera poner orden en todos los temas pendientes de tu vida y revisar y renegociar todos los compromisos que tienes en tus múltiples niveles de actividad? Si todos actuáramos de este modo, hace tiempo que habríamos alcanzado una utopía dorada.

> La diferencia básica entre un hombre normal y un guerrero es que un guerrero lo toma todo como un reto, mientras que un hombre normal lo toma todo como una bendición o como una maldición.
>
> Carlos Castaneda

Nuestro lento y penoso avance por el camino de la evolución se ve complicado aún más por el hecho de que cuando realmente disponemos del tiempo, nos encontramos con ánimos y tenemos el control de la situación, no sentimos presión alguna para hacer lo que sabemos que deberíamos hacer para evitar que vuelvan a presentarse esas incómodas situaciones negativas. Cuando estamos en pleno fregado, nos decimos que *luego* pondremos orden en nuestros asuntos. Seremos más amables con nosotros mismos y con los demás. Adoptaremos una actitud más estratégica y proactiva. Pero siempre *luego*.

> Los miembros más dotados de la especie humana alcanzan su mayor creatividad cuando no obtienen lo que quieren, y se ven obligados a compensar lo que les falta cultivando y explotando sus propias capacidades y talentos.
>
> Eric Hoffer

Cuando llega este *luego*, el fregado ha desaparecido. «Si tuviera más dinero, sería mucho más creativo.» ¿De verdad? «Si tuviera más tiempo, realmente... (completar el espacio en blanco).» ¿Estás seguro? Si tuviéramos más tiempo y más dinero, lo más seguro es que tuviésemos *menos* ganas de hacer lo que pensamos que deberíamos hacer. Cuando estemos bajo presión, caeremos en rutinas y no haremos lo que debemos hacer. Cuando las cosas se calmen, no sentiremos la necesidad de esforzarnos por cambiar esas rutinas. Tan seguro como la ley de la gravedad.

> El cambio y el crecimiento se producen cuando alguien asume riesgos y se atreve a experimentar con su propia vida.
>
> HERBERT OTTO

A menos que hagamos algo excepcional. A menos que nos liberemos de las ataduras de las limitaciones terrenales y demos un paso que nos eleve por encima de este valle de lágrimas. A menos que desafiemos la gravedad. Y lo haremos, tarde o temprano. Pues el mundo no está diseñado para evolucionar. Somos nosotros los que debemos hacerlo.

Por cierto...

- ¿Cuál es el mayor éxito que has conseguido con el menor número de recursos de partida?
- ¿Qué potencial crisis futura deberías afrontar ahora?
- ¿Qué proyecto o compromiso tienes ahora mismo que estés especialmente poco preparado para llevar a cabo? ¿Qué pensamiento constructivo podrías aplicarle, y cuándo?

CUARTA PARTE

RELÁJATE Y PONTE EN MARCHA

o

Cómo estar donde está la acción

A veces este sencillo consejo, «¡no lo pienses y hazlo!», parece el más indicado. El problema es que la mayoría de las veces no resulta evidente qué es lo que debe hacerse. Abandonadas a sí mismas, nuestras mentes tienden a crear una niebla paralizante de inquietudes autocomplacientes: somos demasiado inteligentes para ponernos en marcha. Pero podemos aprovechar nuestro potencial mental para emprender acciones y para transformar la presión en una productividad espontánea. Saber cómo ponerse al ritmo de las cosas, cuando sea necesario, es un arte sutil y de gran poder.

40

Eres el único jugador en tu partida

Tus experiencias, sean cuales sean, han sido creadas, aceptadas y promovidas por ti mismo. Es una gran noticia, pues estás al mando de la situación y puedes cambiarla si quieres. Eres tu propio guionista, productor... y apenas un extra en la obra de los demás. Los mejores equipos conocen y esperan esa clase de integridad en el resto de los jugadores. Los mejores jugadores salen adelante con su partida ocurra lo que ocurra. Todos juntos estamos solos en esto.

Los nuevos criterios básicos

> Cuando surgen problemas y las cosas toman un cariz negativo, siempre hay alguien que ve una solución y está dispuesto a asumir el mando. A menudo, esta persona está loca.
>
> Dave Barry

De vez en cuando, algún director de recursos humanos me ha pedido que le remitiera una propuesta donde explicara cómo encajaban mis enseñanzas en su currículo de gestión y desarrollo profesional. Cada vez he estudiado sus programas y no he logrado encontrar ningún hueco donde encajarlas. No es que todos sus criterios de eficacia estuvieran equivocados. Es que hay algo que sigue faltando detrás de las tan buscadas cualidades del liderazgo, el enfoque en los resultados, la comunicación, la creatividad, la capacidad de planificación, etc. Hay importantes cualidades que no han sido aún reconocidas como comportamientos cruciales para el trabajo inteligente.

¿Qué decir, por ejemplo, de la capacidad de...

- mantener un control relajado en medio de una avalancha de trabajo;
- definir proyectos realizables a partir de orientaciones, iniciativas y presiones ambiguas;
- decidir las acciones requeridas cuando se plantean las cuestiones y no cuando entran en crisis;
- reagruparse, redefinir las prioridades y recuperar el equilibrio rápidamente cuando surge nueva información o cambian las circunstancias;
- estar solo, pero en cooperación con todos los demás;
- renegociar los acuerdos implícitos y explícitos con uno mismo y con los demás;
- expresar y considerar todas las ideas, incluidas las malas, delante de su equipo y luego evaluarlas objetivamente;
- reenfocar rápidamente los resultados deseados y próximas acciones cuando surgen obstáculos, y
- reconocer, clarificar, actualizar, revisar, revaluar y renegociar sistemáticamente los compromisos vitales y laborales, de modo que las energías personales estén plenamente disponibles para la tarea del momento?

¿Me estoy dejando algo? ¿Por qué he visto tan pocas veces que se emplearan formalmente estos criterios para evaluar las competencias o el rendimiento de los profesionales? ¿Querrías contratar a —o trabajar para— alguien que no cumpliera con alguno de ellos? Si alguien no es capaz de orientarse y organizarse en medio de intensas presiones externas y en entornos rápidamente cambiantes, ¿puede realmente esperarse que dirija o lidere a otra persona?

> Cada persona asume la responsabilidad de pensar cuál debería ser su contribución y su responsabilidad como trabajador inteligente. En la organización inteligente eso pasa a ser responsabilidad de todos y cada uno, con independencia de cuál sea su trabajo en concreto.
>
> PETER F. DRUCKER

Sostengo que lo único que mantiene el espíritu competitivo, tanto en una persona como en una organización, es la capacidad para responder a las sorpresas. Sólo cuando la presión de los cambios inesperados pone en cuestión los sistemas y los comportamientos, se demuestra realmente la excelencia.

El cambio siempre ha creado desorientación e incomodidad. Lo nuevo es que los cambios se produzcan tan a menudo. ¿Has incluido ya en tus evaluaciones la capacidad de *estar preparado para todo*?

Por cierto...

- ¿Hay alguna situación que desearías que fuera distinta pero que entiendes que no está en tus manos cambiar? ¿Cuál es la próxima acción que *podrías* realizar, si quisieras? ¿Dónde y cuándo podrías realizarla?

- ¿Cuáles son las personas más productivas que conoces? ¿Las consideras personas que saben apañarse solas o que necesitan mucha asistencia?

41

El exceso de control es una forma de descontrol

Tanto en golf como en tenis, una pelota demasiado fuerte puede provocar un mal golpe. Un exceso de rigidez puede limitar tu capacidad para abordar las cosas desde la perspectiva más productiva. La microgestión —perderse en los detalles de la vida y del trabajo— puede ser una trampa seductora en la búsqueda de la productividad. Los objetivos pequeños están muy bien, mientras haya un objetivo.

¿Eres un obseso de la organización?

> Algunas personas no tienen nada bien organizado. Y algunas personas no tienen nada en absoluto, pero muy bien organizado.
>
> Autor desconocido

Cada vez reconozco más la existencia de *obsesos de la organización*, es decir, de personas que dedican una cantidad exagerada de tiempo y energía a experimentar con detalles organizativos que no parece que merezcan el esfuerzo. Esta opinión podría parecer extraña viniendo de alguien que ha dedicado años a investigar las mejores prácticas para la productividad personal e interactiva. Sin duda, he dedicado incontables horas a explorar sistemas, software, equipo y técnicas de todo tipo en busca de la mejor forma de hacer cosas con la menor cantidad de trabajo. Y buena parte de este tiempo se fue en seguir falsos caminos que no llevaban a ninguna parte. La diferencia tal vez sea que los objetivos específicos que yo perseguía eran dejar de pensar en las cosas y lograr que todo ocurriera de forma fácil: no simplemente *organizarse.*

> Si lo tienes todo bajo control, es que vas demasiado lento.
>
> MARIO ANDRETTI

¿Cuál es la diferencia? Pues el hecho de que *organizarse* simplemente olvida la cuestión crucial: la necesidad de pensar y adoptar decisiones intuitivas para ser realmente productivo. En cuanto las personas comprenden el poder de la organización en sí misma, a veces van demasiado lejos en el intento de organizarlo todo hasta el último detalle: «¡Creemos un sistema que haga totalmente innecesario pensar!». Pero eso es imposible. Mis sistemas descargan a la mente tanto como es posible de la tarea de recordar cosas, pero no evitan la necesidad de realizar una evaluación ejecutiva regular de los asuntos. Los sistemas organizativos sólo sirven como rudimentarios sustitutos de los objetivos y de sus partes y aspectos fundamentales. Pero todavía debes aplicar tu mente, tu inteligencia y tu intuición para integrar esas partes en el todo que constituye tu forma de interactuar con el mundo. No importa lo bueno que seas creando macros en tu hoja de cálculo, ni lo sofisticada que sea la extensión de tu PDA, nunca podrás apretar un botón, ejecutar un programa y obtener el resultado: «Llama a Fred».

E incluso si fuera posible, todavía tendrías que considerar muchas cosas que no están en la hoja de cálculo ni en tu PDA para estar seguro de ese juicio acerca de cuál es la mejor acción.

Me han preguntado infinitas veces por correo electrónico cuál es el mejor modo y la mejor herramienta para organizar los proyectos. La gente quiere saber cómo encajar las diversas piezas de los proyectos y éstos a su vez con todos los demás proyectos y sus piezas respectivas. El 99 por ciento de las veces la respuesta es: «Una vez por semana, realiza una revisión exhaustiva de todos tus proyectos con tanto detalle como sea necesario. Si lo haces, tu sistema funcionará. Si no lo haces, ningún sistema funcionará». Esta clase de revisión consciente semanal de tus proyectos y de las acciones asociadas a ellos te ayuda a organizarte de forma increíblemente efectiva, porque de lo que se trata realmente es de capturar ideas creativas, catalizarlas y ejecutarlas, no de organizarse simplemente.

La pasión por un cierto tipo de experiencia (la relajación, la diversión, el enfoque productivo), o el deseo de que ocurra algo que realmente quieres (un cuadro, un poema, una nueva empresa, una exitosa gama de producto) puede ser una gran motivación para organizarse. Pero no dejes que la fascinación por la forma (la organización) te haga perder de vista su función (el resultado).

Por cierto...

- ¿Tiene algún problema de *sobrepeso* tu sistema? ¿Qué herramientas o procedimientos has establecido que no utilizas realmente? ¿Qué puedes eliminar?

- ¿Sientes que necesitas aplicarte más a la *gestión de proyectos*? ¿Estás examinando de forma lo suficientemente completa y consistente el estatus respectivo y los detalles relevantes de todos tus proyectos? Si no es así, ¿qué podrías hacer para establecer un proceso de revisión más regular?

42

Cuanto mejor te van las cosas, mejor deberían irte

A medida que aumentas tu flujo de trabajo, a medida que produces más valor con menos esfuerzo, tu responsabilidad y tu interés se desplaza automáticamente hacia problemas y oportunidades mayores. Espera y verás. Aumentar tu eficacia no es el camino más fácil, pero es sin duda el que más recompensa.

¡SALTA!

> ¿Cómo se entiende que los niños pequeños experimenten, y los mayores no?
>
> STEVE HULL

Cada decisión que adoptamos acerca de qué hacer a continuación implica asumir intuitivamente un riesgo. Tengo veinte minutos antes de mi próxima reunión: ¿llamo a Bob, trabajo en el capítulo 8 o pregunto a Susan su opinión sobre el nuevo software?

Las prioridades ABC o las listas diarias de cosas por hacer son simplificaciones que en ningún caso pueden responder a esa pregunta por nosotros. No importa lo organizados que estemos, lo pulcros que sean nuestros sistemas y procesos, o lo actualizados que estén nuestros planes tácticos y estratégicos, en último término debemos confiar en nuestras intuiciones acerca de qué es mejor hacer a las 10.43 h o a las 15.22 h de hoy.

La mayor parte de mi programa de formación se dirige a instalar un cierto proceso de pensamiento y un buen sistema para limpiar el armario psíquico, a la vez que sitúa la perspectiva en el horizonte adecuado para tomar buenas decisiones. Pero en último término nunca responde a la pregunta: «¿Qué es lo mejor que puedo hacer ahora?».

> Debes abandonar la ciudad de tu confort y salir a la selva de tu intuición. Allí descubrirás algo maravilloso. Te descubrirás a ti mismo.
>
> Alan Alda

A menudo la gente querría poder sacarse de encima la responsabilidad de tomar decisiones intuitivas constantes acerca de la distribución de sus recursos en cada momento. Por eso las estructuras basadas en prioridades ABC o en listas diarias de cosas por hacer han resultado siempre tan atractivas. Sin embargo, la realidad siempre encuentra el modo de exigir más de nosotros. A medida que maduramos en la vida y en el trabajo, aumenta enormemente la sutileza, la complejidad y las variables implicadas en el juego. Las respuestas simples son la mayoría de las veces demasiado simplistas.

Así pues, ¿cómo podemos saber realmente qué debemos hacer a continuación? Prepárate para lo peor, imagina lo mejor y tira por el camino de en medio. *Prepararse para lo peor* significa que hay que atar todos los cabos sueltos y no ser vulnerable a la autodevaluación que suponen los compromisos poco claros o no renegociados. *Imaginar lo mejor* quiere decir que hay que mantener el enfoque en los resultados y en las energías más positivas. *Tirar por el camino de en medio* estimula a saltar.

La metodología de la *mente como agua* no reemplaza la necesidad de ser inteligente y reflexivo en cada momento. Simplemente te permite realizar tus saltos intuitivos desde una plataforma sólida de confianza, en lugar de hacerlo desde la resbaladiza pendiente de la esperanza.

Por cierto...

- ¿Te está resultando más fácil o más difícil adoptar decisiones en tu vida y en tu trabajo? ¿Hay algo que deberías aprender sobre ello?
- ¿Qué riesgo intuitivo te parece que deberías asumir? ¿Qué es lo peor que podría ocurrir si lo asumieras? ¿Y lo mejor?
- ¿Qué lamentas más, las cosas que no has hecho en la vida o las que sí que has hecho?

43

Confiar en la acción elegida requiere autogestión a múltiples niveles

Tener objetivos claros y a largo plazo puede ser insuficiente para maximizar la focalización de tu energía en los detalles de la vida y del trabajo. Y una organización meticulosa de los detalles no garantiza una actividad realmente productiva. Saber utilizar cinco minutos extra para realizar una acción rápida que evite una molestia futura puede ser una tarea ejecutiva tan elegante como dejar de lado una mañana la caótica bandeja de entrada para pensar en el mejor modo de avanzar en tus objetivos estratégicos.

Son las 9.45 h de la mañana. ¿Qué debería hacer?

> Un idealista cree que el corto plazo no cuenta. Un cínico cree que el largo plazo no importa. Un realista cree que lo que se hace o se deja de hacer en el corto plazo determina el largo plazo.
>
> Sydney J. Harris

¿Qué es lo mejor que puedo hacer, ahora mismo, en este momento? Todavía estoy tratando de encontrar la mejor respuesta a esta pregunta. Francamente, pienso que cualquier persona que trate de darte una fórmula simple te está intentando vender algo.

En las decisiones de *¿qué hacer?* de los trabajadores inteligentes intervienen al menos tres dinámicas de cuestionamiento, más o menos en el siguiente orden:

1. **Contexto:** ¿qué *puedo* hacer en este momento?
2. **Tipo de trabajo:** ¿hago aquello que había definido previamente que debía hacer, atiendo a tareas que no había previsto a medida que van surgiendo, o proceso mis ocupaciones para actualizar mi inventario de cosas por hacer?
3. **Nivel de trabajo:** ¿debo dedicar mi atención a un correo electrónico por responder, a un proyecto inacabado, a un área de responsabilidad desatendida, a un objetivo o una meta hacia la que avanzar, o a un destino por cumplir?

> Los detalles menores son los que definen la perfección, y la perfección no es ningún detalle menor.
>
> MIGUEL ÁNGEL

No deberías ignorar ninguno de esos tres niveles de cuestionamiento. Mejora tu gestión en cualquiera de ellos y experimentarás un aumento de energía.

1. **Contexto:** si te caen por sorpresa quince minutos adicionales porque se ha retrasado una reunión en una oficina situada en otro piso de tu edificio, ¿tienes a mano la lista de todas las llamadas que debes hacer para atender todos los temas pendientes en tu vida? Si no, tenderás a adoptar una actitud reactiva en lugar de proactiva y es probable que aumente la presión interna sobre ti mismo. Si tienes esa lista y confías en

que contiene las llamadas que debes hacer, podrás mantenerte más fácilmente *en tu zona.*

2. **Trabajar y definir el trabajo pendiente:** si te niegas a enfrentarte a quinientos correos electrónicos, aclarar su contenido y lo que debes hacer a propósito de ellos, tu energía quedará atrapada por las exigencias más inmediatas de tu oficina y de tu entorno. Tus acciones estarán guiadas por la evitación antes que por la implicación. Si abordas y despachas esos correos electrónicos porque sientes que necesitas *limpiar tu armario* para enfocar tu atención en algo distinto, verás cómo todo comenzará a funcionar.
3. **Compromiso con los múltiples horizontes:** si no has mantenido las conversaciones necesarias con tu jefe, con tu esposa o con tu socio, a la vista de los cambios que surgen en tu vida y en tu carrera, tu actitud será en cierto modo contractiva y no expansiva, ya sea desde el punto de vista profesional, psicológico o espiritual. Si realmente has abordado de la mejor manera posible esos niveles de conversación contigo mismo y con los demás, disfrutarás de un enfoque enérgico y equilibrado.

> Es fácil esquivar las responsabilidades, pero no podemos esquivar las consecuencias de esquivar las responsabilidades.
>
> E. C. McKenzie

Existes a muchos niveles distintos. Si evitas alguno de estos niveles, es posible que estés causando un perjuicio sobre todos los demás. En la medida en que aceptes la responsabilidad de gestionarlos todos por igual, te resultará más fácil disfrutar del juego y trascenderlo.

Por cierto...

- ¿Qué harías hoy en el trabajo si te cayeran del cielo treinta minutos libres? ¿Estarías preparado si se presentara la oportunidad?
- ¿Qué conversaciones tienes pendientes, y a qué nivel?

44

Tu poder es proporcional a tu capacidad de relajación

La velocidad y la precisión son los ingredientes clave de todo movimiento efectivo en las artes marciales, y estar relajado permite maximizar el control y la concentración. ¿Vale lo mismo para cualquier otra actividad? Cuando estás tenso, no eres eficaz rompiendo ladrillos ni tablas; ni reduciendo a cuatro atacantes en un callejón oscuro; ni negociando un trato; ni teniendo una conversación adecuadamente profunda y sustancial y arriesgada con tu socio, tu esposa o tu hijo. Lo mejor es estar relajado. Descubre qué es lo que te produce estrés y resuélvelo —ahora— si quieres ser realmente efectivo en todos los niveles de tu vida. Estar relajado y ser capaz de concentrarte en lo que tienes delante, cuando lo tienes delante, en la medida justa en que lo merece, es una habilidad poderosa. Es el contexto que te permite acceder al máximo poder.

La ecuación libertad/productividad

He leído que la historia de la productividad se solapa con la historia de la libertad personal. El contexto de esta observación era que el grado de libertad individual en una sociedad estaba relacionado con un aumento de la producción por persona o por unidad de trabajo. Eso parece correcto intuitivamente, aunque no soy experto en la historia del trabajo. Lo que me sorprendió fue lo cierta que era esa observación para nuestra propia conciencia. Cuanto más libres somos en nuestra mente, más capaces somos de producir y experimentar creativamente. ¿Qué ocurre en cambio si tenemos la mente oprimida? ¿Cómo podemos crear libertad en ella?

> El universo entero se rinde a la mente en reposo.
>
> LIEH-TZU

La mayoría de las personas piensan mucho acerca de un gran número de temas sobre su vida y su trabajo, cuestiones que son básicamente improductivas, que están alejadas de sus objetivos y que les provocan un estrés innecesario. Eso es una forma de opresión, si no directamente una esclavitud. ¿Por qué nos ocurre eso? ¿Es nuestro cerebro un tirano que nos controla y nos castiga? No, nuestro cerebro es un servidor maravilloso pero no especialmente inteligente, que trata frenéticamente de cumplir con las obligaciones que le han sido impuestas por nuestros compromisos internos y por nuestros acuerdos con otros y con nosotros mismos. Es como un niño que se quejara y gimiera constantemente: «¡No te olvides de que hemos de hacer algo sobre esto! ¡Tenemos que hacer algo, y aún no sabemos qué!». Y así *ad nauseam*...

> La única definición útil de la libertad debe buscarse en el principal negocio de la vida humana; es decir, en el proceso en virtud del cual los hombres educan sus respuestas y aprenden a controlar su entorno.
>
> WALTER LIPPMANN

Por desgracia, esa parte de nuestra psique no tiene noción del pasado o del futuro, de modo que opera como si todo tuviera que hacerse ahora mismo, a la vez. Tira de nuestra manga en cualquier momento, pero habitualmente no cuando podríamos hacer algo realmente productivo. Nos recuerda las baterías cuando ya se han acabado, no cuando las tenemos delante en la tienda.

Sin embargo, la parte realmente inteligente de nosotros (bastante distinta del parloteo mental que nos acompaña) puede asumir el control en los momentos clave. Puede reconocer los acuerdos y las cuestiones pendientes en la vida y en el trabajo, decidir lo que hace falta para resolverlas y renegociar todas esas opciones consigo misma con elegancia. Sabe que sólo puede hacer una cosa cada vez, y acepta que ciertas cosas no se pueden hacer. Es capaz de crear el contexto adecuado para la auténtica libertad mental. Pero simplemente no puede asumir el pleno control de una situación a menos que pueda gestionar todos esos resultados y acciones con la ayuda de algún sistema externo, objetivo y revisable.

En mis seminarios, a veces hay personas que observan mis listas y sistemas y dicen: «¡Vaya, si yo tuviera que pensar y estar pendiente de todo eso, no me volvería más productivo, lo que haría sería perder el tiempo!». Entiendo su reacción. La mayoría de los sistemas que la gente prueba son incompletos o confusos en términos de los resultados deseados y de las próximas acciones requeridas. La gente que usa esos sistemas parciales nunca llega al punto de la verdadera libertad. Así pues, ¿para qué molestarse? Yo tampoco lo haría.

Pero si realmente te esfuerzas por descubrir lo que preocupa a tu mente y buscas el modo de resolverlo (decidir resultados y próximas acciones, disponer recordatorios integrados en un sistema total y fiable, sometido a una revisión adecuada), encontrarás la motivación necesaria para realizar esa inversión. Y conseguirás el aumento de productividad que procede naturalmente del aumento en la libertad personal.

Por cierto...

- ¿Cuándo te has sentido más libre últimamente? ¿Cómo lo conseguiste? ¿Cómo podrías generar esa experiencia otra vez?
- ¿Cuándo te has sentido más eficaz? ¿Qué relación guardaba con tu capacidad de concentración?
- ¿Qué genera más ruido en tu vida? ¿Cómo podrías silenciarlo?

45

Las sorpresas esperadas no son ninguna sorpresa

Cuando alguien prevé que sus planes podrían verse frustrados o alterados es más perseverante. Negarse a aceptar los cambios constantes que se producen en la realidad genera frustración y resistencias. Las quejas ante las interferencias crean un estancamiento de energía improductiva. Elimina el obstáculo o bien acéptalo e intégralo como parte de tu trabajo, y sigue adelante.

Asomarse productivamente al abismo

> El pesimista se queja del viento; el optimista cree que amainará; el realista ajusta las velas.
>
> William Arthur Ward

Pensar positivamente es un asunto espinoso. En cuanto ganas conciencia del poder creativo de tu imaginación, no parece que tenga sentido hacer otra cosa que centrarse en imágenes y resultados felices. Pero para conseguir lo mejor en la vida, a veces debes asumir lo peor.

Muchas seminarios educativos y terapias de descubrimiento personal dedican al menos parte del tiempo a desenterrar del pasado acontecimientos y recuerdos negativos. A medida que fui conociendo los principios del enfoque hacia el futuro, sin embargo, me entraron dudas de la utilidad de hacer algo así. «¿Por qué recrearse en algo que no es lo que quieres?», me preguntaba. Luego descubrí el porqué. Si tengo miedo o unos prejuicios subliminales respecto a cierta experiencia, seré prisionero de ella de algún modo. Estaré atrayendo inconscientemente experiencias parecidas o idénticas. Para dejarlas atrás, debo aceptar, reconocer, perdonar y liberar mi propia negatividad para ser realmente libre de redirigir todas las partes de mí hacia lo que quiero.

> A menudo he descubierto que la única cosa que nos salva es la que nos parece más amenazadora. Uno debe enfrentarse a lo que más teme y en el proceso... aparece un parpadeo de luz y energía que, aunque no despierte el valor de un héroe, al menos capacita a un tembloroso mortal para dar un paso más.
>
> LAURENS VAN DER POST

Si todo eso te suena demasiado a terapia de crecimiento personal, considera la aplicación positiva de ese principio en el mundo de los negocios. Un buen equipo de gestión debería enfrentarse en algún momento a la pregunta: «¿Qué podría ir mal, y de qué modo podríamos afrontarlo?». ¿Es eso un pensamiento negativo e improductivo? En absoluto. No sólo hay que prever inteligentemente las contingencias, lo más importante es atreverse a afrontar lo peor desde el punto de vista tanto conceptual como psicológico. Los soldados que afrontan la posibilidad de la muerte tienen muchas más posibilidades de ser eficaces frente al enemigo. No eliminan el miedo, pero logran trascenderlo lo suficiente para desactivar su efecto paralizante.

> El valor no es la ausencia de miedo, sino la creencia de que hay algo más importante que el miedo.
>
> AMBROSE REDMOON

El pensamiento negativo —recrearse en lo indeseable, movido por el miedo o la frustración— produce una actitud contractiva. Pero afrontar abiertamente la posibilidad de unas circunstancias no ideales e integrar la experiencia en tu avance te da más poder y capacidad receptiva. Todo aquello a lo que te resistes, persiste. Lo que temes viene a buscarte. Tratar de evitar o negar *lo malo* que ha sido o podría ser, con la excusa del *pensamiento positivo*, te vuelve vulnerable a esa misma eventualidad. Y tu angustia por la posibilidad de que se produzca esa calamidad te tendrá prisionero en el inconsciente, y evitará que asumas los riesgos que hay que aceptar para alcanzar el éxito y la expansión.

> La vida es lo que te ocurre mientras estás haciendo otros planes.
>
> JOHN LENNON

Adoptar una voluntad consistente de pensar de manera constructiva y orientada a resultados positivos no es para débiles de espíritu. Debes estar dispuesto a afrontar todo el abanico de realidades históricas y futuras, aceptarlas tal como son (y no son) y seguir avanzando hacia lo que quieres. Eso es lo único que calma realmente a los demonios.

¿Hasta qué punto podría ir mal? ¿Serías capaz de afrontar la situación? En ese caso es probable que no tengas que hacerlo.

Por cierto...

- ¿Hay alguna posibilidad negativa que deberías examinar en tu vida o en tu trabajo? ¿Hay alguna previsión de contingencias que podría serte útil ahora mismo? ¿Cuál es el próximo paso para lograr ese objetivo?
- ¿Qué es lo que más temes perder? ¿Te impide ese miedo conseguir lo que quieres?

46

Cuanto más amplio es tu horizonte, más fluidos son tus movimientos

La gente que tiene una visión más elevada de lo que está haciendo actúa más fácilmente. En cierto sentido, cuanto más lejos está el *allí* que te has puesto como meta, más opciones puedes buscar a tu alrededor para llegar hasta él y más relajadas y fáciles pueden ser tus correcciones por el camino. Los conductores noveles parecen hacer muchos movimientos bruscos con el volante. En realidad, hacen movimientos suaves, pero de manera precipitada.

El ritmo de las cosas

Últimamente he estado pensando mucho en el ritmo de las cosas. Me he vuelto más consciente de los ciclos que establecemos, así como de la conveniencia de establecerlos y de mantenerlos. Las reuniones semanales de personal, los paseos de la tarde por el jardín, el periódico de la mañana, los planes estratégicos anuales, las vacaciones y los retiros veraniegos, las meditaciones diarias, etc. Las cosas que siempre hago en el trabajo, la gente con la que me comunico regularmente y los restaurantes que escojo a menudo. Y la frecuencia con la que escribo.

Es magnífico crear comportamientos rutinarios que nos benefician. No tenemos que pensar en construir un contexto; simplemente queremos estar *en* nuestro contexto y disfrutar de sus recompensas automáticas. Pero sólo hasta que esas recompensas disminuyen, en relación con la energía invertida. Entonces entramos en un territorio más espinoso. Demasiadas veces no sabemos reconocer que la realidad ha cambiado y nosotros no, ni en las formas ni en los comportamientos. Seguimos haciendo lo mismo que hacíamos, pero la magia ha desaparecido.

Algo es distinto, y la mayoría de las veces no sabemos qué es. Nuestros viejos amigos ya no son realmente las personas con las que queremos estar. Nuestras reuniones regulares tienen escasa participación y odiamos asistir a ellas, pues hay otras cosas que parecen más importantes. Nuestro restaurante favorito ya no parece ser *nuestro favorito*. Nuestra juerga anual de Año Nuevo ya es sólo una fiesta más que debemos superar.

> Lo que da consistencia a la vida es la simplicidad de la intención.
>
> William Braithwaite

Cuando todas estas formas alcanzan cierto grado de osificación, comenzamos a experimentar una presión interna que nos mueve a postergar acciones que antes hacíamos con entusiasmo. Y puesto que antes era una idea tan buena y estábamos acostumbrados a recibir de ella un beneficio positivo, ahora nos parece que nos estamos volviendo perezosos, viejos o simplemente aburridos.

Ciertamente podría ser cualquiera de esas cosas. Pero también *podría* ser que el espíritu de la situación estuviera cambiando y que las formas deberían metamorfosearse en algo más vital y orgánico, en beneficio del bien superior que persigue realmente esa actividad. Tu mecanismo interno de orientación podría estar diciéndote que es hora de cambiar. Tal vez estés difiriendo las cosas y cometiendo un error, o tal vez estés intuyendo un cambio que debe ocurrir para seguir *con el balón en los pies*.

¿Estás dispuesto a admitir que podría haber una realidad mayor que se manifiesta a través de ti y que debes tragar saliva y renunciar a ciertos rituales que formaban parte de tu zona de confort? ¿Hay algo que sigas haciendo regularmente que ya no te resulte inspirador, o por lo menos no tanto como cuando lo comenzaste a hacer y lo esperabas con impaciencia? ¿Estás dispuesto a examinar honestamente por qué lo estás haciendo, con una actitud abierta a aceptar la siguiente forma que pueda tomar tu expresión, aun cuando eso suponga abandonar las viejas verdades?

Las cosas que nos excitan son vitales, activas, están en constante desarrollo, al igual que las formas y las expresiones que llevan asociadas. Sentimos su energía y la expresamos a través de ciertos ritmos. Pero si queremos seguir despiertos, debemos huir en todo momento del letargo y arriesgarnos a perder lo que un día fue algo bueno para seguir en la carrera.

> Actuamos como si el confort y el lujo fueran las principales exigencias de la vida, cuando todo lo que necesitamos para ser felices es algo que despierte nuestro entusiasmo.
>
> CHARLES KINGSLEY

Un amigo mío dice a menudo: «No hay descanso para los malos, y los buenos no lo necesitan». Otra forma de expresarlo sería: para mantenerte donde está la auténtica acción, es probable que debas renunciar a lo que antes funcionaba en beneficio de algo que todavía no estás seguro de si va a funcionar, pero que es necesario que pruebes. Los *malos* esperan demasiado antes de asumir la renuncia, revaluar la situación y recrear la siguiente forma. La compañía se queda panza arriba, la organización pierde a sus integrantes y surgen grietas por todas partes. Pones todo tu empeño en organizar una fiesta, y nadie se presenta. Los *buenos* se encuentran cómodos en una incomodidad creativa. Lo que les incomoda es la falta de chispa, de flujo. Siguen los dictados de su intuición, y aprenden a reconocer qué es y cuándo habla.

Los mejores en esta tarea pueden tolerar ese sentimiento temible, incómodo y vulnerable que es estar desacompasado con tu pareja en la pista de baile. Pueden admitir que las cosas no están funcionando y comenzar de nuevo. Y eso sí que es romántico.

Por cierto...

- ¿Qué suscripciones de revistas deberías cancelar? ¿Qué revistas deberías leer en su lugar?
- ¿Qué otras cosas sigues haciendo, aunque sabes que *la magia ya no está ahí*? ¿Qué podrías hacer en su lugar?
- Desde una perspectiva lo más amplia posible, ¿qué nuevas actividades te parecen más atractivas para ti?
- ¿Cuál fue la última vez que hiciste algo realmente inusual para ti? ¿Es el momento de hacerlo otra vez?

47

La mejor manera de ganar velocidad es frenar

Raramente hay suficiente tiempo y energía para hacer lo que se quiere, cuando te centras meramente en el nivel de la actividad física. Debes parar, relajarte y revaluar la situación constantemente. Si vas siempre con prisas, tu visión puede volverse miope y tu energía puede agotase prematuramente. Si has sabido integrar una intención clara en el universo, confía en que el método, el proceso y los recursos necesarios para su manifestación irán desplegándose oportunamente en el contexto más amplio de las cosas. Cálmate un poco para poder jugar el partido realmente importante.

¿Debo dejar que las cosas se cuezan lentamente?

> El agua turbia se aclara si se deja reposar.
>
> Proverbio chino

Hace años, cuando estaba siguiendo un entrenamiento en karate, pasaba temporadas en las que por más que me esforzara, no parecía que hiciera progresos. Eso era muy frustrante para mí, porque recordaba otras épocas en las que con mucho menos esfuerzo alcanzaba nuevos hitos y resultados. ¿Por qué me esforzaba tanto ahora y no conseguía nada? ¡Debía esforzarme más aún!

Entonces mi entrenador me decía *basta*. Deja de entrenarte. Sé un vegetal. No hagas nada durante unos días, a veces, semanas.

Luego volvía a ponerme a ello. El resultado era siempre espectacular: de repente estaba más fresco, tenía más fluidez, de algún modo había encontrado un nuevo ritmo, un nuevo nivel, una mejora sutil pero crucial en mi estilo, en mi flexibilidad, en mi definición de los tiempos, en mi concentración, en mi poder. ¡Uau!

> Nada puede ser más útil para un nombre que la determinación de no ir con prisas.
>
> HENRY DAVID THOREAU

Todos nosotros aprendemos, creamos y crecemos a muchos niveles, de los cuales el consciente sea tal vez el menos profundo. Puede que nuestra atención consciente esté al mando y dirija el espectáculo. Pero el verdadero misterio está en la química compleja y fabulosa que actúa sin que nos demos cuenta.

> Si quieres un descanso rápido, prueba a ir más despacio.
>
> LILY TOMLIN

Confía en tu proceso. Confía en la fórmula invisible que se está desplegando a través de ti, generando una resolución y una integridad que van más allá de lo que piensas que eres capaz de hacer. La capacidad de gestionar los tiempos lo es todo. No te pongas presión, o la perderás.

Sé paciente. La paciencia es también una preparación. Es la acción previa al acto.

NOAH BEN SHEA

¿Hay algo que no tienes tiempo de hacer —algo que parece una pérdida de tiempo— pero que sabes que es el momento de hacer? ¿Dar un paseo por el jardín? ¿Ir a cenar con un amigo? ¿Sacar a tu equipo de la oficina sólo para pasar un tiempo juntos? ¿Jugar al parchís con tus hijos? ¿Dejarlo todo hasta que estés impaciente por volver a ello?

Relájate. Debes cambiar de marcha. Debes hacer una pausa para encontrar un ritmo mejor. Cuando menos ganas tengas de parar, tal vez ése sea el momento justo para hacerlo.

Por cierto...

- ¿Qué debes hacer hoy que sabes que no tienes tiempo de hacer?
- ¿Qué engranajes están girando en tu vida y en tu trabajo que deberían descansar un momento?
- ¿Cuándo fue la última vez que no hiciste absolutamente nada?

48

No tienes tiempo de realizar ningún proyecto

No tienes tiempo de realizar ningún proyecto, porque en realidad no puedes realizar un proyecto: sólo puedes realizar acciones concretas. Realiza las acciones adecuadas y suficientes a lo largo del tiempo, y harás que el mundo se parezca a la imagen con la que te has comprometido en tu mente: los impuestos están pagados, la empresa está vendida, la fiesta de cumpleaños de Susan se celebra. Pero no realizaste estos resultados. Simplemente surgieron como efecto de multitud de pequeñas acciones físicas y tangibles que hicieron que el mundo encajara con tu imagen. En eso consiste *realizar un proyecto*. A menudo la gente no traduce los proyectos a próximos pasos, y la percepción de falta de tiempo para realizar el proyecto impide cualquier tipo de movimiento. Muchos proyectos cruciales están ahora mismo paralizados a pesar de que hay próximas acciones relacionadas con ellos que podrían efectuarse en menos de dos minutos, una vez identificadas.

Las sutiles sirenas del *largo plazo*

¿Estás evitando realizar acciones relativas a proyectos a largo plazo precisamente porque son proyectos a largo plazo?

Cosas como reestructurar el departamento, crear un grupo de trabajo estratégico y desarrollar una estrategia de inversión personal. Cuando pregunto «¿Cuál es la próxima acción en este proyecto?», a menudo no hay ninguna prevista. Y de forma algo ovejuna y defensiva, la gente se excusa por la ausencia de una acción prevista con el comentario «Bueno, esto es realmente un proyecto a largo plazo...».

> La distancia no existe; el primer paso es el único que cuesta.
>
> MADAME DU DEFFAND

Existe una diferencia sutil pero crucial entre un proyecto a largo plazo y un proyecto que está en la categoría *algún día/tal vez*. O bien un proyecto es una cuestión pendiente por resolver, tan pronto como sea posible, o no lo es. Tan pronto como sea posible pueden ser siete años, pero sigue siendo tan pronto como sea posible. Y si es una cuestión pendiente por resolver, hay una próxima acción por determinar antes de que pueda darse ningún progreso. *Tan pronto como sea posible* se convertirá en *nunca* a menos que determines una serie de próximos pasos físicos y tangibles.

> El gran mariscal francés Lyautey le ordenó una vez a su jardinero que plantara un árbol. El jardinero objetó que ese árbol era de crecimiento lento y que no llegaría a la madurez antes de cien años. El mariscal replicó: «En ese caso no hay tiempo que perder; ¡plántelo esta misma tarde!».
>
> JOHN F. KENNEDY

No importa lo lejos que esté la meta, hay algo que puedes hacer ahora mismo para acercarte a ella, si eres sincero. El proyecto de *aterrizar en Marte* sigue remitiendo en último término a cosas como «Llamar a Fred para hablar del presupuesto de Marte», acciones tan fáciles e inmediatas como cualquier otra que pueda haber en nuestro inventario de trabajos pendientes.

Una de las mejores formas de diferir las cosas y desinflar los ánimos es crear grandes metas y definirlas a largo plazo. Tan pronto como establecemos esas metas o identificamos esa clase de proyectos, tendemos a experimentar un sentimiento de orgullo, autocomplacencia y (seudo)plenitud, sólo porque *nos hemos comprometido a realizarlos*, y nuestro impulso de realizarlos comienza inmediatamente a perder fuerza. Las acciones realizables a corto plazo en relación con metas a largo plazo son un factor crucial de motivación, y las próximas acciones reales que podemos hacer en las próximas horas o días despiertan la inspiración.

No hay nada malo en poner algo en la lista de *algún día/ tal vez* (yo tengo más de cien proyectos en la mía). Simplemente hay que ser honesto con uno mismo acerca de si debería estar en esa lista o en la de proyectos reales. Pero si es un proyecto real, ya sea a largo o a corto plazo, debes tener una próxima acción prevista para que puedas estar en paz contigo mismo. Si no has previsto ninguna, es un proyecto algún día/tal vez por defecto.

A largo plazo significa simplemente que tan pronto como sea posible requerirá un mayor número de próximas acciones.

Por cierto...

- ¿Cuál es el proyecto o meta a más largo plazo con el que estás actualmente comprometido? ¿Has determinado alguna próxima acción?

- ¿Hay algún proyecto que te encantaría realizar pero que *no tienes tiempo* de llevar a cabo? Si tuvieras que hacer algo al respecto, ¿cuál sería tu próxima acción?

49

Las pequeñas cosas, hechas de forma consistente, tienen un gran impacto

Los grandes cambios no se producen por ensalmo sino como resultado de un compromiso firme en algún nivel de interacción. Una inversión automática de un pequeño porcentaje de tus ingresos, asistir a una sesión de gimnasia a la semana, compartir habitualmente tu realidad con tus compañeros de trabajo o con tu familia, sentarte y realizar algo de reflexión o de contemplación cada noche: ésas son las claves de cualquier progreso significativo.

El 20 por ciento crítico

> Quien no es capaz de poner ningún interés en lo pequeño, pondrá un falso interés en lo grande.
>
> John Ruskin

Uno de nuestros clientes, alto ejecutivo de gran experiencia, nos ofreció recientemente una reflexión muy interesante acerca de nuestros métodos de flujo de trabajo. Dijo: «Lo vuestro influye sobre el 20 por ciento crítico. Nadie pretenderá absorber y despachar el 200 por ciento de lo que puede hacer. Pero sí asumirá la suficiente carga de trabajo como para ir un 10 por ciento por debajo de su curva. Y cuando estás un 10 por ciento por debajo, te sientes como una mierda. Pero en cambio, si puedes meterte un 10 por ciento por encima, te sientes transformado y en la cima del mundo. Es un factor del 20 por ciento como máximo. Pero ir del uno al otro es un salto espectacular. Lo vuestro es muy simple y muy básico, pero su profundidad reside en su capacidad de marcar esa clase de diferencia».

> Al final, lo que marca la diferencia es la atención a los detalles. Son los dos pasos extra a la izquierda del centrocampista, la memoria para los nombres del vendedor, la llamada telefónica del amante, el arma limpia del soldado. Eso es lo que distingue a los ganadores de los perdedores, a los hombres de los niños y, muchas veces, a los vivos de los muertos.
>
> DAVID NOONAN

Nunca lo había pensado de esa manera, pero es verdad. También es una forma muy útil de expresar el valor de definir proyectos, decidir acciones y gestionarlas de forma íntegra y exhaustiva. No se trata de desarrollar nuevas habilidades o comportamientos. Se trata simplemente de instigar los comportamientos proactivos en lugar de los reactivos, y hacerse cargo de los aspectos mundanos de la vida y del trabajo a medida que se presentan.

La diferencia entre estar un palmo por encima del agua o un palmo por debajo es enorme. Pero lo que marca esa diferencia es probablemente menos de lo que imaginas.

La parte mala es que sólo hace falta un volumen igualmente pequeño de comportamientos consistentemente *negativos* para crear consecuencias indeseadas significativas. Tal vez parezca que una tendencia excesiva a la autocrítica sea un tema menor, pero promueve una baja autoestima y un rendimiento menor en conjunto. Pequeñas cosas, sin corregir, pueden crear los peores problemas.

De un modo u otro, las pequeñas acciones que realizamos habitualmente son la clave de los resultados globales que obtenemos.

Por cierto...

- Piensa en algún cambio significativo, permanente y positivo que haya ocurrido en tu vida. ¿Qué pequeñas cosas estabas haciendo de manera consistente que hicieron o permitieron que ocurriera?
- Ahora mismo, ¿qué detalle podría reportarte un gran beneficio, si lo convirtieras en una actividad regular?

50

Para saber algo tienes que hacer algo

El desarrollo del verdadero conocimiento requiere una actividad intencionada. Si esperas a saber algo antes de hacer algo, es probable que no ocurra nada. Cuando tu cuerpo, tu pensamiento y tu espíritu se muevan con decisión, surgirán cosas que de otro modo serían inaccesibles para ti.

¿A QUIÉN LE INTERESA (REALMENTE) LA PRODUCTIVIDAD?

> El conocimiento procede de la acción; la única forma seria de comprobar algo es probarlo.
>
> SÓFOCLES

A menudo nos preguntan: «¿Cómo puedo convencer a las personas que me rodean para que adopten este método para mejorar la productividad? ¡Es tan simple, y haría tanto más fácil nuestra vida, nuestro trabajo y nuestras relaciones!». En estos casos la pregunta oculta una frustración no reconocida: «Me doy cuenta del valor que tiene aplicar todo esto: ¿Por qué no lo ven *ellos*?».

¿Por qué algunas personas adoptan este método para

mejorar la productividad y otras no? ¿Por qué tenemos tantas probabilidades de conseguir que un estudiante de 14 años capte el espíritu de los principios de productividad como de que lo haga un director, un directivo de nivel medio o un ama de casa? ¿Y por qué lo entiende un directivo, un director o un ama de casa, cuando otra persona con la misma clase de trabajo y personalidad no consigue entenderlo?

> Nada es más revelador que el movimiento.
>
> MARTHA GRAHAM

Después de más de veinte años, sólo he conseguido encontrar un denominador común en las personas y las organizaciones que más han tendido a implementar nuestros métodos de productividad: todas ellas están animadas por un impulso interno constante que las empuja a avanzar. No es un deseo meramente verbal o conceptual de *mejorar*, sino un impulso muy profundo que las orienta hacia un futuro mejor para ellas mismas o al menos para las cosas de las que se sienten responsables. Eso explica que personas y organizaciones de aspecto tan parecido experimenten grados tan distintos de atracción por lo que hacemos. Su impulso para lograr sus objetivos de forma más fácil, más rápida y mejor puede variar mucho.

> Un hombre que se atreve a desperdiciar una hora de su tiempo no ha descubierto el valor de la vida.
>
> CHARLES DARWIN

He aquí la paradoja: la gente que menos necesidad tiene de nuestros métodos es la que más los usa. ¿Por qué? Porque está ya sentada en el asiento del conductor y con el vehículo en marcha. Si no experimentas una sensación inmediata de control sobre lo que te ocurre, ni siquiera te plantearás la opción de controlarlo aún mejor. Y si no avanzas a ningún nivel, nunca tendrás ningún punto de referencia real para querer cambiar algo para que todo sea más fácil, más rápido y mejor, aunque lo tengas delante de las narices.

Hay una verdad sencilla, pero no evidente, sobre la mejora de la productividad: si no te identificas con el deseo de llegar a un lugar distinto del que estás (y con el de mejorar la calidad de tu experiencia en el proceso), es probable que no inviertas la energía necesaria para explorar formas de hacer mejor las cosas. También debes estar dispuesto a admitir que podrías tener que cambiar algunos comportamientos. Si estás interesado en hacer que algo ocurra y odias realmente malgastar recursos o estar sometido a un estrés excesivo, estarás impaciente por explorar unas prácticas de mejora del rendimiento que tal vez no conozcas aún.

Los equipos de Fórmula Uno dedican miles de horas y millones de dólares a desarrollar y probar procesos, sistemas y métodos que puedan darles una ventaja aunque sea de una fracción de segundo en el momento de la verdad. Pero si no crees estar en ninguna carrera, o si no te importa lo bueno que puedas llegar a ser en lo que estás haciendo, o si no necesitas realmente aliviar tu estrés, entonces esa clase de inversiones es, obviamente, un desperdicio de tiempo y recursos para ti. En ese caso, tomar las medidas necesarias para soltar lastre podría *parecer* un lastre. Estudiar y perfeccionar los procesos no tiene por qué ser siempre el mejor enfoque estratégico para las personas de alto rendimiento, pero siempre estarán atentas a esa clase de oportunidades.

De modo que no te desanimes si hay gente a tu alrededor que no quiere convertir *¿cuál es tu objetivo en todo esto?* y *¿cuál es tu próxima acción?* en las preguntas operativas clave. No te sorprendas demasiado si tu esposa, tu jefe, tu asistente o tu hijo adolescente no están particularmente abiertos a objetivar y gestionar de forma ágil todos sus compromisos y comunicaciones. Sin duda compartirás algo de sentido común con ellos, pero para muchos puedes parecer un visitante de Marte.

> No creo que la necesidad sea la madre de la inventiva. La inventiva, en mi opinión, surge directamente de la inactividad, posiblemente también de la pereza. De la gana de evitarse molestias.
>
> Agatha Christie

Estamos trabajando con el objetivo de que estos procesos lleguen a formar parte algún día de las enseñanzas y las expectativas estándar de nuestro sistema educativo, desde el comienzo. Tal vez entonces se conviertan en el procedimiento operativo estándar para casi todo el mundo, y todos estaremos embarcados en mayores y mejores problemas y oportunidades. Mientras tanto, nos contentamos con apoyar a los que realmente quieren asumir el reto.

Por cierto...

- ¿Hasta qué punto quieres que las cosas sean distintas para ti de cómo eran hace dieciocho meses? ¿Lo estás consiguiendo tan fácilmente como podrías?
- ¿Cuál crees que es el margen de mejora de tus sistemas, tus procesos o tus enfoques?

51

Es más fácil moverse cuando ya se está en movimiento

En karate aprendes rápidamente que cuando luchas con un oponente no debes dejar de moverte ni un momento. Es mucho más fácil reaccionar y moverse con rapidez —aunque sea en dirección contraria— cuando ya estás en movimiento. Cuesta mucho más esfuerzo ponerse en movimiento que cambiar su dirección. Si estás positivamente embarcado en algo, en cualquier parte de tu vida, te será más fácil responder a los cambios y resolver cualquier otro asunto.

¿Abrumado? Coge el timón

> Lo que hace que un río resulte tan relajante es que no manifiesta ninguna duda: está seguro de adónde va y no quiere ir a ninguna otra parte.
>
> Hal Boyle

Cuando tenía mi propio velero, un viejo navegante me dio un consejo fantástico: «Si alguien está a punto de perder los nervios —me dijo—, dale el timón». Cuando te mareas en un vehículo, el mejor modo de eliminar la sensación de mareo es fijar la vista en el horizonte. Y mejor aún ponerse al volante. Nunca he visto que nadie se marease en un coche estando al volante. Cuando te haces cargo de un vehículo en movimiento accedes a un nivel de equilibrio mucho más profundo.

La principal razón de que te sientas mucho mejor cuando implementas los métodos de recopilar, procesar, organizar y gestionar intuitivamente el inventario total de tu trabajo no es que te permita hacer menos trabajo. Es porque te pone automáticamente en el asiento del conductor, en el centro de tu universo. Dejas de ser un efecto para convertirte en una causa.

> Dirige tus asuntos, o ellos te dirigirán a ti.
>
> BENJAMIN FRANKLIN

A pesar del estrés que genera en nuestros días el exceso de compromisos y de temas pendientes, no son ellos los verdaderos culpables. Muchas veces te encontrarás disfrutando en situaciones en las que estás *solo contra todo*. Trata de navegar solo por el océano... ¡o simplemente de levantarte pronto de la cama algunas mañanas!

> Cuando te encuentras en medio de un terremoto montado en un monociclo, haciendo juegos malabares con sierras mecánicas, la única forma de sobrevivir es dejar bien fijado todo lo que puedas, para lidiar con todo lo que no puedes fijar.
>
> STEPHEN CHAKWIN

La angustia surge cuando sueltas las riendas y dejas de dirigir tus propias energías. En realidad, todos estamos siempre a merced de potencias mayores que nosotros mismos, y en algún punto de nuestras vidas todos aprendemos que de lo que realmente se trata es de rendirnos a —y cooperar con— algún aspecto mayor del universo. Esa clase de renuncia al control es en realidad una energía muy positiva y muy orientada, no la destructiva experiencia de verse sepultado bajo los innumerables detalles de tu vida.

Tratar de ignorar las cosas que reclaman tu atención es como tratar de evitar que el barco se zarandee. Responder a las preguntas «¿Cuál es el resultado que persigues?» y «¿Cuál es la próxima acción?» te coloca otra vez el timón en las manos.

Por cierto...

- ¿Se te ocurren algunas cosas que estaría bien hacer cuando no sabes qué hacer?

52

Los mayores éxitos surgen del mayor número de fracasos

Los misiles y los cohetes se pasan la mayor parte del tiempo que están en el aire fuera de trayectoria. Si llegan donde deben llegar es porque corrigen constantemente su rumbo. Tus errores sólo ocurren en un juego escogido por ti. Escoge un juego al que puedas ganar, y comete tantos errores como sea necesario para conseguirlo.

El año de las mejores elecciones

> Miles de personas tienen talento. Felicitarte por ello sería como felicitarte por tener ojos en la cara. Lo único que cuenta es: ¿tienes capacidad de resistencia?
>
> Noël Coward

Uno de mis mejores momentos lúcidos tuvo lugar recientemente cuando me di cuenta de que no mediría mi progreso como ser humano en función de ningún éxito ni de ningún fracaso específico, sino del porcentaje de elecciones acertadas que tomara a lo largo del tiempo.

Decidí que éste iba a ser mi Año de las Mejores Elecciones... con la esperanza de que todos los años siguientes lo fueran también. ¿Cuántas veces decido hacer ejercicio, cuando no tengo ganas de hacerlo? ¿O ser útil a otra persona, cuando no tengo tiempo de serlo? ¿O ser estratégico en lugar de estar simplemente ocupado? ¿O adoptar un enfoque creativo e inspirador en lugar de ceder a mis impulsos menos nobles? ¿O ser frugal en lugar de pródigo?

He leído que tenemos cincuenta mil pensamientos al día (¡¿cómo los contaron?!). Sea cual sea el número, cada uno de ellos es una oportunidad para elegir qué pensamientos queremos tener. O al menos qué pensamientos queremos seguir teniendo. No me culpo por pensar: «¿Qué pasa si me atropella un autobús?». La cuestión es: ¿debo seguir pensando en eso?

> Parece que todos estamos reservándonos para el baile de fin de curso. Pero muchos olvidamos aprender a bailar en algún momento del proceso.
>
> Alan Harrington

Sé que no siempre realizaré la mejor elección. Y cada vez que no lo haga, será una oportunidad perfecta para flagelarme por ser el bicho más inmundo del universo, indigno de que me ocurra nada bueno en la vida. Y ésa sí que es una elección empobrecedora, en la que he caído demasiadas veces ya. Demasiadas veces nos tendemos trampas a nosotros mismos con nuestra manera de enfocar lo que significa ganar o perder. Cogemos el bate, fallamos y luego nos desesperamos por ser un desastre jugando al béisbol. Y salimos del partido.

Algunos de los clientes con los que hemos dedicado tiempo de calidad a establecer comportamientos de trabajo nuevos y efectivos se sienten culpables cuando no *mantienen el proceso* tal como deberían. Al ser nuestros métodos tan simples y tan de sentido común, piensan que deberían haberlos *captado* al instante y convertido en prácticas estables de las que nunca se desviaran. De modo que cuando se descuelgan, sienten como si hubieran perdido toda oportunidad de avanzar hacia la meta de la máxima productividad. «Si no soy capaz de conseguir que algo tan fácil funcione de forma inmediata y permanente, ¿para qué molestarse en intentar nada?».

> Busca el éxito, no la perfección. Nunca renuncies a tu derecho de equivocarte, porque entonces perderás tu capacidad de aprender cosas nuevas y de salir adelante en tu vida. Recuerda que el miedo siempre acecha detrás del perfeccionismo. Afrontar tus miedos y concederte el derecho a ser humano pueden convertirte paradójicamente en una persona mucho más feliz y mucho más productiva.
>
> DR. DAVID M. BURNS

Mi instructor de golf me dijo hace años: «No te preocupes por tu puntuación ni por las bolas que han ido al agua. Piensa únicamente en que cada vez que juegues darás más golpes buenos». Buen consejo. De modo que este año daré unos cuantos golpes buenos más que el año pasado. Esa actitud me mantiene dentro del partido y me hace jugar cada vez mejor.

Cuando termines de leer esto, escogerás dónde enfocar tu atención y qué hacer a continuación. Golpea la bola. Tal vez te salga un buen golpe. Y si no es así, no te preocupes. Tienes muchas más oportunidades de hacerlo antes de acostarte esta noche.

Por cierto...

- Nombra tres juegos en la vida en los que hayas mejorado. ¿A qué otro juego te gustaría empezar a jugar ahora?
- ¿Has cometido algún error grave últimamente?

Quinta parte

NO OLVIDES LOS PRINCIPIOS BÁSICOS

o

El sentido común no es tan común

Estar preparado para todo requiere tener la capacidad de hacer cosas de manera eficaz y eficiente. Para hacer cosas es preciso definir qué significa que estén *hechas* y qué forma tomará el *hacerlas*. Pero debido al volumen y a la complejidad del inventario actual de cosas que tenemos que hacer en la vida, resulta útil contar con algunas orientaciones para desarrollar un modelo consistente que nos permita abarcarlo todo. Para una aclaración más completa de las prácticas óptimas que expongo a continuación, lee *Organízate con eficacia* (Empresa Activa, 2006).

Las cinco fases del dominio del trabajo

Ésta es una guía para conseguir un control *horizontal* de tus asuntos: cómo recopilar, identificar y gestionar el inventario total de tus compromisos. Las fases 2 y 3 se especifican con mayor detalle en el diagrama «Procesar y organizar el trabajo» (p. 255), que es una magnífica herramienta para tener delante en el escritorio hasta que tengas totalmente integrado el procedimiento.

1. Recopilar

- Recopila todo lo que merece tu atención en *recipientes* externos y seguros (bandejas de entrada, buzones de correo electrónico, blocs de notas, mensajes de voz, etc.) para sacarlos de tu memoria a corto plazo.
- Maneja tan pocos recipientes de este tipo como puedas y tantos como necesites.
- Procesa y organiza el material para vaciarlos regularmente (véase la siguiente guía).

2. Procesar

- Procesa los ítems que has recopilado (toma decisiones acerca de cada uno de ellos).
- Si no da pie a ninguna acción, tíralo, déjalo a un lado

para un posible examen posterior o archívalo como referencia.

- Si da pie a alguna acción, decide cuál va a ser la próxima acción física y, a continuación, hazla (si requiere menos de dos minutos), delégala (y ponla en la lista *en espera*) o posponla (y ponla en una lista o en una carpeta de acciones pendientes).

3. Organizar

- Agrupa los resultados del procesamiento de tus *inputs* en categorías identificables y revisables. Las cuatro categorías clave son:
    - Proyectos (proyectos que te has comprometido a terminar).
    - Calendario (acciones que deben ocurrir en un día o momento específico).
    - Próximas acciones (acciones que deben hacerse lo antes posible).
    - En espera (proyectos y acciones que en principio deben hacer otros, pero de los que eres responsable).
- Añade a todas estas listas las subcategorías que hagan falta para facilitar su uso (llamadas, recados, en casa, en el ordenador, etc.).
- Añade listas de objetivos y valores a más largo plazo que influyen sobre ti.
- Añade otras listas de control que puedan resultar útiles según las necesidades (descripción de tu trabajo, listas de generación de eventos, diagramas organizativos, etc.).
- Mantén un sistema de archivo de referencia general para la información y los materiales que no van a asociados a ninguna acción pero que deben ser recuperables.
- Mantén un sistema de referencia de posibles acciones para momentos posteriores (listas de *algún día/tal vez*, agendas, ideas inspiradoras).

- Mantén los archivos necesarios de información de soporte para los proyectos (puedes guardarlos en un sistema de referencia o en zona de espera).

4. Revisar

- Revisa el calendario y las listas de acciones a diario (o siempre que puedas realizar alguna de las acciones).
- Realiza una revisión semanal detallada para purgar, actualizar, mantener y desarrollar tus sistemas (véase «Revisión semanal», p. 261).
- Revista las listas de metas, valores y visiones a más largo plazo tan a menudo como sea necesario para mantener tu lista de proyectos completa y actualizada.

5. Actuar

- Toma decisiones acerca de tus acciones sobre la base de lo que puedes hacer (contexto), del tiempo y la energía de que dispones, y, finalmente, de tus prioridades.
- Mantente flexible con la ayuda un sistema de recordatorios *integral*, siempre accesible para efectuar su revisión, y confía en tu intuición para las elecciones de cada momento.
- Asegúrate de tomar las mejores decisiones intuitivas mediante un enfoque regular y consistente en las prioridades («¿Qué valor tiene que haga X en lugar de Y?»). Revisa y revalúa tus compromisos a intervalos adecuados en todos los niveles de tu vida y de tu trabajo.
    - Nivel de calle: acciones del momento (revisión diaria).
    - 3.000 metros: proyectos actuales (revisión semanal).
    - 6.000 metros: responsabilidades actuales (revisión mensual).
    - 9.000 metros: objetivos a uno o dos años (revisión trimestral).

- 12.000 metros: objetivos a tres o cinco años (revisión anual).
- Más de 15.000 metros: carrera, metas, estilo de vida (revisión a más de un año).

Procesar y organizar el trabajo

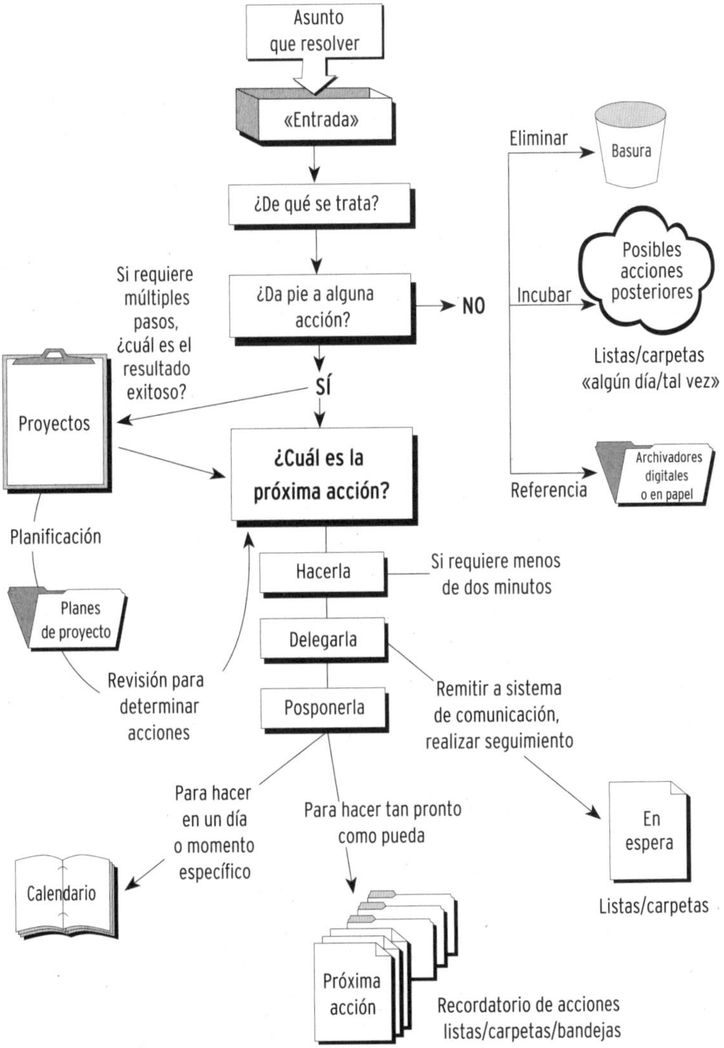

Modelo de planificación natural

Este modelo se basa en la manera que tiene el cerebro de preparar naturalmente cualquier plan. Proporciona un control *vertical*, es decir, la forma más efectiva de pensar en un proyecto o situación específico. Una vez que has identificado todos tus proyectos, es posible que debas prestarles atención separadamente en uno o varios de estos niveles para poder sentirte cómodo con su estado actual.

1. Propósito/principios-guía

- ¿Por qué lo estás haciendo? ¿Qué supondría realmente *cumplir con el propósito*?
- ¿Cuáles son los criterios clave para adoptar decisiones y acciones en relación con este proyecto? ¿Qué reglas debemos seguir?
- El propósito y los principios son los criterios orientativos para adoptar decisiones en este proyecto.

2. Misión/visión/meta/resultado exitoso

- ¿Qué constituiría un éxito total en este proyecto? ¿Cómo sabría que lo he alcanzado?
- ¿Qué supondría el éxito para las distintas partes interesadas?

3. Lluvia de ideas

- ¿Qué es todo lo que se me ocurre acerca de esto? ¿Cuál es la realidad presente?
- ¿Qué es lo que sé? ¿Qué es lo que no sé? ¿Qué debería tomar en consideración? ¿Qué no he tomado en consideración?, etc.
- Sé exhaustivo, ten la mente abierta y sin prejuicios, y evita el análisis crítico.
- Considera el proyecto desde todas las perspectivas.

4. Organización

- Identifica componentes (subproyectos), secuencias o prioridades.
- Crea esbozos, listas por puntos o diagramas organizativos para cubrir las necesidades de revisión y control.

5. Próximas acciones

- Determina las próximas acciones en cada uno de los componentes independientes actuales del proyecto. (¿Qué debería hacer a continuación, y quién lo hará?)
- Si se necesita más planificación, determina la próxima acción para cubrir ese objetivo.

Si fuera necesario, cambia el nivel de enfoque del siguiente modo:

- Si tu proyecto necesita más claridad, eleva tu perspectiva (por ejemplo, pasa de las acciones a los planes, de los planes a la lluvia de ideas, de la visión al propósito).
- Si tu proyecto necesita más acción, baja tu perspectiva (por ejemplo, pasa de la visión a la lluvia de ideas, de los planes a las acciones).

¿Cuánta planificación es necesaria?

- Si te has quitado el proyecto de tu mente, la planificación es suficiente. Si sigues con el proyecto en tu mente, sigue aplicando el modelo hasta que esté claro.

Revisión semanal

El primer desafío consiste en implementar todos estos modelos, pero el segundo es mantenerlos activos y funcionales. Esta guía proporciona la clave para conseguir un estilo de vida y de trabajo consistentemente más relajado y productivo. Siempre que se aplica este proceso promueve un aumento de la confianza y del pensamiento ejecutivo. Alcanza su máxima eficacia cuando se practica cada siete días.

Papeles sueltos

- Recoge todos tus papeles sueltos, tarjetas comerciales, recibos y demás. Ponlo todo en tu bandeja de entrada para procesarlo.

Procesa tus notas

- Revisa todas las entradas de diario, notas de reuniones y otras anotaciones en blocs y demás. Toma una decisión sobre ellos e introdúcelos en el sistema según corresponda como próximas acciones, proyectos, asuntos en espera, etc.

Vacía la mente

- Escribe (y divide en categorías adecuadas) todos los nuevos proyectos, acciones, asuntos en espera, proyectos *tal vez/algún día*, etc., que no hayas recopilado aún.

Revisa las listas de acciones

- Tacha las acciones realizadas. Revisa los recordatorios de los próximos pasos requeridos.

Revisa la lista de los *asuntos en espera*

- Anota las acciones requeridas para cualquier seguimiento necesario. Tacha todo lo que ya se ha recibido.

Revisa la lista de proyectos (y de grandes resultados)

- Evalúa el estado de tus proyectos, metas y resultados deseados, uno por uno, asegurándote de que hay al menos una próxima acción prevista para cada uno. Hojea el material de soporte para encontrar ideas de nuevas acciones, finalizaciones, asuntos en espera, etc.

Revisa los datos del calendario pasado

- Revisa el calendario anterior con detalle en busca de acciones pendientes, datos de referencia etc., e introdúcelos en el sistema activo.

Revisa el calendario futuro

- Revisa los actos previstos en el calendario, tanto a corto como a largo plazo. Registra las acciones que te sugieran.

Revisa cualquier lista de control relevante

- Úsala como estímulo para nuevas acciones.

Revisa la lista *algún día/tal vez*

- Comprueba si hay algún proyecto que ahora pueda llevarse a la práctica, y pásalo a la lista de proyectos. Borra los proyectos que ya no tengan interés.

Sé creativo y valiente

- ¿Alguna idea nueva, maravillosa, alocada, creativa, sugestiva y arriesgada para añadir a tu sistema?

Conclusión

No parece que los cambios inesperados vayan a desaparecer en el futuro inmediato, de modo que espero con impaciencia el desarrollo y la difusión que vayan a tener en adelante todas estas técnicas e ideas para dominar el juego del trabajo y el negocio de la vida. Os invito a participar y a aportar vuestras propias reflexiones.

Nuestras newsletters exploran regularmente estos temas y otros parecidos. Puedes conseguir una suscripción gratuita a través de nuestra página web (<www.davidco.com>, donde hay también material adicional gratuito acerca de la productividad) o también puedes enviarnos un correo electrónico a <customerservice@davidco.com>.

Te deseo lo mejor.

¿Preparado?

David Allen

Agradecimientos

Debo un agradecimiento especial a Stephen Singular, escritor y editor *freelance* a quien pedimos que revisara los escritos de mis últimos seis años para destilar temas y crear una estructura inicial. Sus oportunas y estimulantes aportaciones despejaron el terreno para que pudiera ajustar el enfoque, definir el contexto y ponerme realmente al trabajo.

Gran parte del material de este libro fue originalmente publicado en mi página web y luego en mis e-newsletters, y como tal no habría visto tan fácilmente la luz sin la experiencia técnica de Greg Fisk y Eric Mack, o sin el apoyo incansable de nuestro personal administrativo, en especial Jodi Womack. Y sigo estando muy agradecido a Steve Shull por haberme inspirado inicialmente con la idea de usar una newsletter como plataforma para dar a conocer mi material.

Mi agradecimiento (ahora ya puedo decir *como siempre*) a mi editora en Viking, Janet Goldstein, cuyo apoyo, sugerencias y ánimo tuvieron un efecto catalítico sobre mí. Y también a mi agente, Doe Coover, que capitaneó el proyecto.

Mi esposa Kathryn ha sido el pilar de la empresa que

me ha permitido producir este material y me ha dado no sólo amor, sino también su demostración práctica a través de su apoyo y de las sanas advertencias que necesitaba recibir, cuando los necesitaba.